本书系中共辽宁省委党校基金项目“科教兴国战略下辽宁产业转型现代化建设人才支撑实践路径研究”（项目编号：2023zxzb11）、中共辽宁省委党校博士专项基金项目“科教兴国战略下辽宁产业转型现代化建设人才支撑实践路径研究”（项目编号：2023BSJJ012）、中共辽宁省委党校基金项目“人口老龄化对共同富裕的影响及对策研究”（项目编号：2023BSJJ008）、中共辽宁省委党校基金项目“人口结构变迁对收入分配的影响研究”（项目编号：2201zxzb08）、中共辽宁省委党校基金项目“推进辽宁以人为核心的新型城镇化研究”（项目编号：2202zxzb06）的研究成果。

# 人力资源管理理论与实践探究

张　雪　孙　晔◎著



文化发展出版社
Cultural Development Press
·北京·

**图书在版编目（CIP）数据**

人力资源管理理论与实践探究 / 张雪，孙晔著．北京 ：文化发展出版社，2024．7．-- ISBN 978-7-5142-4389-5

Ⅰ．F243

中国国家版本馆 CIP 数据核字第 2024H0Z525 号

# 人力资源管理理论与实践探究

张 雪 孙 晔 著

出 版 人：宋 娜

责任编辑：袁兆英　　责任校对：岳智勇

责任印制：邓辉明　　封面设计：谢婉莹

出版发行：文化发展出版社（北京市翠微路 2 号 邮编：100036）

网　　址：www.wenhuafazhan.com

经　　销：全国新华书店

印　　刷：天津和萱印刷有限公司

开　　本：710mm × 1000mm 1/16

字　　数：173 千字

印　　张：10

版　　次：2025 年 1 月第 1 版

印　　次：2025 年 1 月第 1 次印刷

定　　价：72.00 元

I S B N：978-7-5142-4389-5

# 前言

在如今复杂多变的社会环境中，各类组织面临着无数的挑战与机遇，为了更好地适应这种环境，优化内部管理就显得尤为重要。其中，人力资源管理的作用日益凸显，成为决定组织成功与否的关键因素之一。对于任何组织而言，其最宝贵的资源就是人，有效的人力资源管理不仅能提升员工的满意度和工作能力，还能推动组织创新和持续发展。

人力资源管理涉及员工的招聘、培训、发展、激励和福利等多个方面，这些方面都对组织的运营和效益有着深远的影响。一个精心设计的人力资源管理策略能够确保组织找到并留住最优秀的人才，同时也能通过培训和发展项目提升员工的技能水平，进一步提高组织的整体效能。人力资源管理关乎组织文化的塑造和维护。通过制定公平、透明的政策和程序，组织能够确保员工得到公正的待遇，从而创造出积极的工作环境。这样的环境可以鼓励员工积极参与，使其为组织的成功做出贡献。在这个过程中，人力资源管理不仅要扮演适应者的角色，还要扮演引领者的角色，帮助组织进行文化变革，使其在新的挑战和机遇面前保持领先地位。因此，人力资源管理的重要性在于它对组织文化的塑造和维护，以及在变革中引领组织发展的能力。

本书共五章。第一章为人力资源管理概述，主要包括人力资源概述、人力资源管理的概念与职能、人力资源管理的演进和人力资源管理的现状与挑战四个部分；第二章为人力资源管理中的工作分析，分别介绍了工作分析的术语和内容、工作分析的作用和流程、工作分析的方法、工作分析的实施与说明书编写四个部分；第三章为人力资源的获取，分别介绍了人力资源的规划、人力资源的招聘和人力资源的培训三个部分；第四章为人力资源发展管理，分别介绍了人力资源的绩效管理、人力资源的薪酬管理、人力资源的劳动关系管理和人力资源的职业生涯管理四个部分；第五章为党校干部培养应用，分别介绍了干部培训需求分析理论、我国领导干部能力结构分析、我国党校培养模式和提升党校干部培训管理水平的思路与对策四个方面的内容。

在撰写本书的过程中，笔者参考了大量的学术文献，得到了许多专家学者的帮助，在此表示真诚感谢。本书内容系统全面，论述条理清晰、深入浅出，但由于笔者水平有限，书中难免有疏漏之处，希望广大同行及时指正。

张雪

2023 年 9 月

# 目 录

# 第一章　人力资源管理概述

人力资源管理是对企业管理极为重要的内容，本章为人力资源管理概述，将分别从人力资源概述、人力资源管理的概念与职能、人力资源管理的演进和人力资源管理的现状与挑战四个部分进行介绍。

## 第一节　人力资源概述

### 一、人力资源的概念

资源是一个经济学术语，解释为资本与财物的来源。在经济学上，资源是为了创造财富而投入生产活动中的一切要素。人力资源是一种特殊资源，它有广义与狭义之分。

广义的人力资源指在一个国家或地区中，处于劳动年龄、未到劳动年龄和超过劳动年龄但具有劳动能力的人口之和。

关于狭义的人力资源，学术界至今还存在着不同的看法和认识。主要观点如下："雷希斯·列科认为，人力资源是企业人力结构的生产力和顾客商誉的价值。伊万·伯格认为，人力资源是人类可用于生产产品或提供各种服务的活动、技能和知识。内贝尔·埃利斯认为，人力资源是企业内部成员及外部的与企业相关的人，即为总经理、雇员、合作伙伴和顾客等提供潜在合作与服务，以及有利于企业预期经营活动人力的总和。苏珊·E. 杰克逊和兰德尔·S. 舒勒在《管理人力资源：合作伙伴的责任、定位与分工》一书中指出，人力资源是能够为创建和实现组织的使命、愿景、战略与目标作出潜在贡献的人所具备的可被利用的能力与才干。国内学者郑绍濂则主要从整个社会经济发展的宏观角度来对人力资源进行界定，他认为人力资源是能够推动整个经济和社会发展的具有智力劳动和体力劳动能力的人们的综合，它应包括数量和质量两个方面。这一观点在国内的宏观人力资源问题研究中具有一定的代表性。”①

综上所述，人力资源指一个国家或地区中的人所具有的对价值创造起贡献作用并且能够被组织利用的体力和脑力劳动的总和。

## 二、人力资源的特征

当代经济学家把资源分为四类，即自然资源、资本资源、信息资源、人力资源。人力资源是这些资源中最重要的资源，是生产活动中最活跃的因素，被经济学家称为第一资源。与其他资源相比，人力资源具有如下主要特征。

### （一）时效性

所谓时效性是指物质形态在一定时间内的效用。在自然界中有些物质（如各种矿产资源）不具有时效性而有长效性，无论经历多长时间都保持着自身效用；而有些物质资源则有时效性，超过其生命过程的一定阶段就会失去效用，一旦错过了它的时效性，往往就无法补救，除非开始另外一个生命过程或者生命周期。人力资源具有时效性，其主要表现在以下几个方面。

（1）人在生命过程的不同阶段有着不同的生理和心理特点，人力资源的生成和发挥作用也各有不同的最佳期。

（2）作为人力资源重要组成部分的知识和技术是人们实践经验的产物，具有一定的实效性。在一定的时间里运用这些知识和技术，就能发挥它的最佳效用；如果闲置不用，超过一定时限，这些知识和技术就可能陈旧、老化、过时，甚至失去其应有的效用（如专利技术）。特别是现代科学技术日新月异，知识更新周期大为缩短，这就要求人们要更加注意人力资源的时效性。

### （二）社会性

这一特点决定了在人力资源的使用过程中需要考虑工作环境、工伤风险、时间弹性等非经济和非货币因素。自然资源只有自然性，而人力资源除了具有自然性，还具有社会属性，这是人力资源区别于自然资源的地方。人力资源的社会性主要表现在以下几个方面。

（1）人力资源只有在一定的社会环境和社会实践中才能形成、发展和产生作用。人是社会群体，离开社会群体而完全孤立的个体是不可能存在的。人的劳

① 刘燕，曹会勇．人力资源管理[M]．北京：北京理工大学出版社，2019．

动能力是在劳动过程中才得以形成和提高的能力，而劳动，特别是生产劳动，在任何时候都是人们结成一定社会关系并从事改造自然的活动和过程，是社会的实践活动。

（2）人力资源的开发、配置、使用和管理是人们有意识的自觉活动。劳动是人的脑力和体力在生产使用价值过程中的运用，也可以说是人力资源的开发、配置、使用和管理的过程。人们的有意识的自觉活动不但表现为对自然资源的开发利用，而且随着社会生产力的发展，还表现为对人们自身蕴藏的人力资源的开发、配置、使用和管理。意识的本质则是社会的，是在人与人之间的相互交往中才得以产生和发展的。

### （三）连续性

人力资源不仅具有时效性，同时还具有连续性，两者是密切联系的。首先，人力资源的连续性表现为知识的不断积累，虽然一个人掌握的部分知识会随着社会和技术的变化而被淘汰，但新的科学技术成果的出现及个人能力的提高均是建立在以前知识的积累之上的，没有以前知识的积累，整个人类社会就无法获得真正的发展。每一个人都要不断学习以跟上时代的变化，不断提升自身的素质和能力。其次，从作为人力资源的内容即体力和脑力的发展过程来看，人力资源既有阶段性，又有连续性。许多知识和技术特别是应用性的知识和技术只有阶段性的时效，超过一定阶段就会老化，但各学科和各阶层的知识和技术又是互相联系的，在它们之间总存在某些共同的基础性的东西。正是由于各个学科之间的相互联系性才使得人力资源管理实现了更好的发展。最后，从作为人力资源的载体，即人的生理和心理过程来看，人力资源时效性的最高峰是青壮年期，但也有许多人少年得志是因为不断学习，注重了自身能力的开发，所以在其高峰期过后还可能延续相当长的高峰期，甚至还可能出现第二个高峰期，如居里夫人、齐白石等。因此，在人力资源管理过程中，每一个组织都要注重人力资源水平的培训和持续开发工作。对于每一个人而言，一定要遵循活到老、学到老的古训。

### （四）可再生性

自然资源和物质资源一旦灭绝或耗尽，就不可能再生。人力资源以人为天然的载体，是一种“活”的资源，并与人的自然生理特征相联系，是可再生的。人力资源的再生性是指人口的再生产和劳动力的再生产，社会通过人口总体和劳动力总体内各个个体的不断更新和恢复，实现人口的再生产和劳动力的再生产。

### （五）主导性和能动性

组织作为一个由人、财、物组成的有机系统，其第一资源是人。只有合理地支配其他资源，才能使组织科学合理地存在和发展。人类不同于自然界的其他生物，人类活动具有目的性、主观能动性和社会意识。人类不仅能适应环境，还能积极地改造环境；不仅能适应历史，还能创造历史，人类的这种能力使自身同其他动物彻底地区别开来。人力资源的能动性主要表现在：知识和技术的创新、功利化的投向和自我强化。人类的自我调控功能使其在从事经济活动时，总是处在发起、操纵、控制其他资源的位置上，能根据外部的可能性和自身的条件、愿望确定经济活动的方向，并根据这一方向选择、运用外部资源或主动适应外部资源。

### （六）有限性和无限性

任何一种自然资源都是有限的存在，都只能有限地满足人的需要，某些自然资源一旦消耗殆尽，就可能永远不复存在。当然某种资源枯竭了，人们又会开发新的资源，但这是就人们认识和开发自然资源的能力来说的，而不是自然资源本身。人力资源就其具体形式，即具体表现于某个人、某群人或者某一代人来说，也同自然资源一样是有限的，但有限之中包含着无限，因此人力资源是有限性和无限性的统一。作为人力资源物质载体的人既是自然的人又是社会的人。人的生理条件和社会环境虽然为人的体力和脑力发展提供了有利条件，但同时又是一种制约因素。任何人都只能在自身的生理条件和社会环境所许可的范围内形成、发展和运用自身的体力和脑力资源。任何个体和群体的人力资源都是有限的，它的开发和使用是有条件的。从人的个体而言，每个人的生命过程都是有限的，但在他生命完结之时，人力资源特别是智力资源开发和使用的过程是不会停止的。从人类延续的过程来看，每一代人所拥有的智力资源都是有限的，但人类一代又一代的延续过程是无限的，每一代人都把他们的知识和技术以及其他认识成果传输给下一代，世世代代的传承形成了一条永无止境的知识长河。

## 三、与人力资源相关的概念

### （一）人才资源

人才资源指的是一个组织或社会拥有的具备特殊技能、知识和经验，能够为组织或社会创造价值的人力资本，主要用来指代人力资源中比较优秀的、杰出的那一部分资源。

人才资源是人力资源的一部分，它们之间的区别主要是由质量决定的。我们知道，人力资源是具有智力劳动能力或体力劳动能力的人的总和，人才资源主要是用来形容人力资源中各项能力较为突出的那一部分资源。

### （二）劳动力资源

劳动力资源指一个国家或地区在一定的时期内拥有的劳动力的数量和质量的总和所构成的总的适龄劳动人口。在判断一个国家劳动力资源的多少时，不仅要看其总的数量，还要看其质量，尤其是劳动者的生产技术水平、文化水平和健康水平。根据我国劳动就业制度规定，男性年满18岁到60岁，女性年满18岁到55岁，都可被列为劳动力资源。

与人力资源相比，劳动力资源是相对较小的一部分，这是因为人力资源中还包括一些暂时还未成为劳动力但以后能够成为劳动力的人口。

### （三）人口资源

人口资源指一个国家或地区所拥有的人口的总量，它是一切人力资源、人才资源产生的基础，是人力资源和人才资源存在的依据和基石，它主要表现为人口的数量。

人力资源是人口资源的一部分，二者之间的区别主要是由划分标准不同而产生的。人口资源重在数量，而人力资源重在质量。

### （四）人力资本

对于人力资本的定义目前还没有明确的界定。舒尔茨认为："人力资本是人民作为生产者和消费者的能力，人力资本是一种严格的经济学概念……它之所以是一种资本是因为它是未来收入或满足，或未来收入与满足的来源。"① 由此我们可以知道，舒尔茨认为人力资本是劳动者身上所具备的两种能力。这两种能力的来源一种是通过先天遗传以及每个人与生俱来的基因实现的，另一种来源则是通过个人在后天环境中努力学习实现的。

因此，笔者认为，人力资本是通过人力资本投资形成的、寄予在劳动者身上并能够为其使用者带来持久性收入来源的劳动能力，是以一定的劳动者的数量和质量为表现形式的非物质资本。一般情况下，劳动者的知识、技能以及体力（健康状况）等都是人力资本的构成部分。与此同时，这一定义还具有以下含义。

① 舒尔茨．论人力资本投资[M]．吴珠华，等译．北京：北京经济学院出版社，1990.

（1）人力资本是一种能够为其使用者带来持久收入的能力，它作为资本具有相当大的生产性。

（2）人力资本的获取或人力资本存量的增加，必须经由有意识地对人力资本投资才能完成。

（3）人力资本并非指劳动者本身，而是指劳动者所具有的知识、技能以及体力等。

从其概念我们可以知道人力资本所具有的某些特点：首先，人力资本能够为其所有者和使用者带来收益，主要体现为一种收入能力；其次，人力资本是投资的产物和结果；最后，人是人力资本的唯一载体，二者相互依存，这也是人力资本的最大特征，是它与其他形式资本最本质的区别。

人力资源和人力资本这两个概念产生的基础都是人，研究的对象也都是人所具有的脑力和体力，因此我们在学习的过程中必须分清其异同，正确地掌握二者之间的关系。

二者之间有一定的相似之处，它们都是以人为基础的，都是在研究人力作为生产要素在经济发展中的重要作用时产生的。不仅如此，人力资源经济活动及其收益的核算是基于人力资本理论进行的，现代人力资源管理理论大部分都是以人力资本理论为根据的，人力资本理论是人力资源管理理论的重点内容和基础部分。

虽然它们有一定的相似之处，但这二者之间的区别也是很大的。

首先，二者与社会财富和社会价值的关系是不同的。人力资本是由投资形成的，强调以某种代价获得的能力或技能的价值，投资的代价可在提高生产力过程中以更大的收益收回。因此劳动者将自己拥有的脑力和体力投入生产过程中并参与价值创造，以此来获取相应的劳动报酬和经济利益。人力资本与社会价值的关系是一种典型的因果关系。人力资源与社会价值的关系恰恰与人力资本相反，是一种由果溯因的关系。人力资源作为一种资源，强调人力作为生产要素在生产过程中的生产、创造能力，以及这些能力对创造价值所起的贡献作用。在生产过程中，人力资源可以创造产品和财富，有效地促进经济的发展。

其次，二者研究问题的角度和关注的重点也不同。人力资本是从成本收益的角度来研究人在经济增长中的作用，主要指通过投资形成的存在于人体中的资本形式，尤其是投资的物质资本在人身上的价值凝结；人力资源将人看作财富的来源，是从投入产出的角度来研究人对经济发展的作用，关注的焦点是产出问题，也即人力资源对经济发展的贡献以及对经济发展的推动力。

最后，二者的计量形式也是不同的。从各自的定义我们可以知道，人力资本往往表现为不断积累的经验、不断增进的技能、不断变化的产出量、不断损耗的体能以及投入教育培训、迁移和健康等方面的资本在人身上的凝结，其计算形式既与流量核算相联系，又与存量核算相联系；人力资源的计量形式只与存量核算有关。

## 第二节　人力资源管理的概念与职能

### 一、人力资源管理的概念

概念反映客观事物一般的、本质的特征，是认识和掌握客观规律的基础。明确概念是我们进行讨论研究的基础和前提。

但凡是一本关于人力资源管理的书籍，都会涉及人力资源管理的概念。但至于何为人力资源管理，可谓众说纷纭。如果要想分析并深入理解人力资源管理的理论与实践，就要对有关定义做个梳理。

张德认为："总之，人力资源的开发与管理，指运用现代化的科学方法，对与一定物力相结合的人力进行合理的培训、组织与调配，使人力、物力经常保持最佳比例，同时对人的思想、心理和行为进行恰当的诱导、控制和协调，充分发挥人的主观能动性，使人尽其才，事得其人，人事相宜，以实现组织目标。"① 周占文认为："人力资源管理是指对人力资源的取得、开发、保持和利用等方面所进行的计划、组织、指挥、控制和协调的活动。它是研究并解决组织中人与人关系的调整、人与事的配合，以充分开发人力资源，挖掘人的潜力，调动人的生产劳动积极性，提高工作效率，实现组织目标的理论、方法、工具和技术的总称。"② 余凯成等人认为："人力资源开发与管理指的是为实现组织的战略目标，组织利用现代科学技术和管理理论，通过不断地获得人力资源，对所获得的人力资源进行整合、调控及开发，并给予他们报偿。"③

由上述几个定义可知，分析的出发点不同、所关注的焦点不同、所站的立场不同，所下的定义就不一样。笔者认为，要想更好地把握人力资源管理的内涵和

① 张德．人力资源管理[M]. 北京：企业管理出版社，2002.

② 周占文．人力资源管理[M].3 版．北京：电子工业出版社，2009.

③ 余凯成，程文文，陈维政．人力资源管理[M].2 版．大连：大连理工大学出版社，2001.

外延，从而给出一个更具科学性、指导性的定义，就有必要谨慎、认真地讨论一下人力资源的内涵。

所谓资源，是指可以带来利益的资产。依此展开，人力资源就是能带来经济利益的人力资产，而人力（相对于物力）就是人的劳动能力，也可简单地称为劳动力。

关于劳动力，马克思曾经有过如下定义："我们把劳动力或劳动能力，理解为人的身体即活的人体中存在的、每当人生产某种使用价值时就运用的体力和智力的总和。"① 由于劳动力是体力和智力在人的身体中的统一，不能脱离人的身体而存在，因此在劳动力本质含义的基础上，一般人也把具有劳动能力的人叫作劳动力（个体）。在这个含义的基础上，经济学又把人口中具有劳动能力的那一部分叫作劳动力（总体），也就是社会劳动力的总和。由此有人认为，人力资源指一定社会组织范围内的人口总量中所蕴藏的劳动能力的总和，企业人力资源指能够推动整个企业发展的劳动者的能力的总和。笔者认为，在企业管理的框架下讨论人力资源，这样的认识过于简单和含糊，无益于人们对人力资源的本质内涵的理解。

工作组织中的人通过建立共同的战略和目标设计工作系统、生产产品和服务、控制质量、分配财务资源、销售产品、提供服务，人因此成为人力资源，或者经济学家根据其在工作组织中的作用称为人力资本。雇用的作用被定义和描述为，在设计的形式下，使得特定的员工贡献最大化，从而达到组织目标。

就企业管理方面而言，不管是人力资本还是人力资源，都指的是员工完成工作所需要的或展现出来的特性——智力、态度、承诺、隐含的知识和技能以及继续学习的能力。人力资源不同于其他任何资源，一部分是先天的（如智力、健康、态度等），另一部分是可以通过投资、开发形成的（如培训、激励、边干边学、保健等）。

由以上分析可知，人力资源管理实质上是对员工的智力、态度、承诺、健康、知识和技能，以及继续学习能力的管理。其手段是相关人力资源政策和实践，其核心目标是培育、建设一支具有高度胜任力、忠诚感和奉献精神的员工队伍。

## 二、人力资源管理的职能

人、事物、机构所应发挥的作用或功能即为职能。人力资源管理的环境是不

---

① 常卫国．劳动论:《马克思恩格斯全集》探义 [M]. 沈阳：辽宁人民出版社，2005.

断变化的，人力资源管理的职能自然也是不断变化的。如今企业普遍面临着如下环境或挑战。

一是经济全球化。国界的阻隔正逐渐消失，管理不再局限于某个国家的边界。各种规模、类型组织中的管理者在世界范围内都面临着全球市场的机会和挑战。全球化给包括人力资源管理在内的各种管理职能带来了影响。面对跟随经济全球化而来的更为激烈的竞争和严峻的挑战，企业必须学会寻找、开发、激励和保留有价值的员工。事实上，经济全球化在为组织提供丰富机会的同时，也意味着对人力资源管理提出了更高的要求，因为企业比以往更加需要高素质的人力资源队伍。

二是知识经济和服务经济的兴起。随着社会的发展，我们已经步入了一个以知识为主要生产力的时代。在当今社会，知识和智慧既是促进经济增长的主要动力，也是至关重要的战略性资源。这是因为当下是知识经济时代，人力资源战略变得越来越重要，员工的能力、技能和知识是组织取得成功的关键要素。

21 世纪也是服务经济时代。在北美和西欧，一场从生产到服务的重大转变已经发生。例如，“在今天，美国约有 2/3 的劳动力都是在生产性服务和运输性服务行业中就业，事实上，在 20 世纪 80 年代时，美国制造业中劳动力所占的比重就已经下降到了 12%。20 世纪 90 年代美国新增加的 2100 万个工作岗位都是在像快餐、零售、咨询、教育、法律这样的服务型行业中出现的”。[①] 人力资源管理在服务型企业中非常重要，因此对这类企业来说，他们更加依赖员工的才能和热情。要想使员工发挥最佳工作状态，企业就要形成积极的文化、情感和心理环境。此外，服务型企业对人力资源管理的主要职能活动（如员工招募甄选、员工培训、绩效考核与反馈等）都有特殊的要求。

三是技术发展。技术发展使生产率逐步提高，也使就业机会从某些职业转移到另外一些职业。技术发展要求从业者必须具备相应的技能，并且在增强技术类、管理类和专业类工作作用的同时，淡化劳动密集型工作和一般事务性工作的作用。技术进步使工作性质发生了变化，从而使完成工作的劳动力的性质发生了变化。因而，企业内部运营流程要求优化，组织结构需要重新设计，工作分析和职位说明书需要重新做，绩效管理和薪酬管理方案需要重新制订，员工招募甄选和培训计划需要重新拟订。总之，技术进步给人力资源管理的职能工作带来了深刻影响。

四是竞争和管理趋势。近年来，企业间的竞争日益激烈，产品生命周期不断

① 德斯勒．人力资源管理[M].12 版．刘昕，译．北京．中国人民大学出版社，2012.

缩短，顾客需求变化无常。所有这些都要求企业越来越有弹性和快速适应性，组织变革（即在技术、人员、结构等方面的改变）迫在眉睫，变革是组织的现实。变革管理正日益成为人力资源管理工作中不可分割的部分。

除了上述因素，其他一些政治、法律、经济和社会发展趋势也同样会对人力资源管理产生影响。例如，2008 年 1 月 1 日实施的《中华人民共和国劳动合同法》对员工招聘、人员测评、培训、员工工资、福利等企业人力资源管理工作造成了相当的影响，并提出了新的要求。再如，人的需求与价值观趋向多元化，使人力资源管理变得更复杂。这使一些企业高层经营管理者认识到，成功最关键的因素不在于调整战略或重整组织，而在于改变员工的行为。

总之，随着企业面临的环境和挑战的变化，现代人力资源管理正在摆脱传统人力资源管理的行政性、事务性角色。企业人力资源管理所扮演的角色越来越宽泛化，并要求更具战略性，其职能主要有如下几个方面。

### （一）服务企业战略

人力资源管理工作已经不再是与企业的战略计划没有任何联系的、仅有一些狭窄目标的职能性工作。人力资源管理部门已经逐渐成为能够创造价值并维持企业核心竞争能力的战略性部门。第一，企业发展战略和竞争战略的制定，非常需要人力资源管理部门的参与；第二，企业战略成功与否在很大程度上取决于人力资源职能的参与程度。战略实施的成功与否主要取决于五个重要变量：任务设计，人员选拔、培训与开发，工作报酬系统，组织结构，信息与决策系统。人力资源管理对其中的前三个变量有着直接的责任，同时，还极大地影响着后两个变量。

在任何一个组织中，企业成功的关键先决条件是有一个清晰支持组织使命和战略的人力资源管理系统。就竞争战略来看，实现迈克尔·波特所提出的成本领先、差异化和聚焦战略所要求的员工行为和态度是不同的，而为了引发与特定竞争战略相匹配的员工行为和态度所需要的人力资源政策和实践又是不同的。要发挥人力资源在战略管理上的作用，就必须把目标确定在人力资源对企业战略的长期影响上。人力资源管理将从企业战略的反应者转变为战略制定者和执行者，进而成为企业战略的贡献者。

### （二）获取竞争优势

企业竞争优势的外部表现是具有竞争力的产品和服务，而企业竞争优势的内在源泉有得天独厚的竞争条件（有利的自然条件和政策条件等）、实力雄厚的物质基础（包括物质水平和科技水平）、高超非凡的管理能力（高于对手的管理水平）和出其不意的竞争行动（如技高一筹的营销策略），这里的后三项源泉一般是可以通过企业的主观努力获得的。人力资源管理可以应该通过相应的政策和实践作用于内在源泉，进而帮助企业最终获取外在的竞争优势。

### （三）创建高绩效工作系统

如今，人力资源经理工作的一个变化是强调战略人力资源管理，另一个变化是关注生产率和绩效。日益扩展的经济全球化意味着更多的竞争，日益激烈的竞争意味着企业存在不断降低成本和提高员工生产率的压力，相当多的人力资源管理人员意识到了绩效的重要性。

有效的人力资源管理实践可通过三种方式改进绩效：技术的使用（有关软件和技术的使用能显著改善人力资源管理本身的绩效）、有效的人力资源管理实践（如雇佣测试和培训等）、导入高绩效工作系统。

高绩效工作系统由一套有机的人力资源管理政策和实践整合而成的系统。高绩效工作系统是一个综合性的概念，主要包括以下几方面的元素。

（1）员工招聘和选拔：高绩效工作系统通常会采取严谨的招聘和选拔程序，以确保新员工具备所需的技能和素质，以及与组织的文化和价值观相匹配。

（2）培训和发展：高绩效工作系统重视员工的培训和发展，并提供各种培训计划和职业发展机会，以帮助员工提升技能和知识水平。

（3）绩效管理：高绩效工作系统通常采用明确的绩效标准，并提供适当的奖励和激励措施，以鼓励员工创造更高的绩效。

（4）团队协作和沟通：高绩效工作系统能够促进团队协作和有效沟通，鼓励员工分享信息、互相支持和合作。

（5）工作设计和组织文化：高绩效工作系统注重工作设计的合理性，能创造一个有利于员工高效工作的环境，同时培养一种鼓励创新、承担风险和持续改进的组织文化。

（6）领导力：高绩效工作系统需要领导者具备相应的能力和素质，能够引导组织发展方向、激发员工潜力、推动变革和创新。

（7）组织结构和流程：高绩效工作系统通常采用灵活的组织结构和流程，以适应市场变化和客户需求，提高组织效率和灵活性。

这些要素并不是孤立的，而是相互关联、相互影响的。通过综合考虑这些要素，高绩效工作系统可以帮助组织实现可持续发展。

### （四）创建学习型组织

具备比竞争对手更快速学习的技能是获得持久竞争优势的关键。当下最具有竞争力和适应能力的组织形态是学习型组织。学习型组织能够不断吸取新知识和技能，不断改进并适应变化的环境。学习型组织与传统组织在组织文化、管理方式、组织结构、领导力以及信息沟通等方面都存在显著的差异。通过持续有效的学习和组织学习，学习型组织能够抓住发展机遇。因此，其人力资源管理职能和作用会有所改变。为了建设一个学习型组织并提升员工的学习能力，人力资源管理部门应整合并利用员工的各种学习经验，同时应制订可行的系统性学习计划，并注重培养员工的学习意识。

### （五）推动组织变革

在如今这个竞争激烈、环境多变的社会中，企业必须时刻保持敏锐的洞察力和应变能力，以应对外部环境的变化和竞争的需要。为了保持持续的竞争优势，企业不仅需要经常化地进行变革，同时也需要培养自己管理变革的能力。变革是企业发展的必然趋势，而人力资源管理则是帮助企业进行变革并对变革进行管理的关键职能。

## 第三节　人力资源管理的演进

人力资源管理从人事管理的实践中获取了成熟的养分。人事一词早在 1909 年的美国公务员服务委员会的年度报告中已出现，1920 年前后又有人首次使用人力资源术语，而人力资源管理术语的出现则到了 20 世纪 60 年代。人力资源管理的发展经历了一个漫长的演变过程。

## 一、西方人力资源管理的演进

西方人力资源管理有着久远、广阔的历史背景。

第一次工业革命的主要贡献是以机械力代替了手工劳动，从而使在工厂中生产商品比在手工作坊中生产更有效率。那些高效率的、采用机器生产的大型工厂对管理（包括人事管理）提出了更高的要求，因为这需要管理者预测需求，确保手头有足够的材料制造产品，科学、合理分配人员的工作，培训员工，指挥每天的活动，协调各种任务，调动员工积极性，保证机器良好运转，为产品寻找市场等。

一些管理者（或企业家）为此积极开展探索，如罗伯特·欧文对当时工人的恶劣工作条件给予了关注，他主张改善工作场所的环境，提出改善工作条件是最明智的投资，他“还创建了可以说是最早的工作绩效考核系统。他这样做，在当时是为了检查‘不良表现’。欧文使用了一块四边分别涂成白、黄、蓝、黑四种颜色的转向通道，以此反映工人前一天的生产。这四种颜色中黑色表示差，蓝色意味着一般（平均），黄色表示良好，而白色则代表优秀。这种做法非常成功”①。由于欧文在改善对员工的管理方面所做的努力，有人称他为现代人事管理之父。

自19世纪中后期起，福利人事的概念在西方资本主义国家产生并发展起来。一些企业逐渐实施了病假工资、提供食堂、外出度假、住房补贴等福利项目。但当时某些企业家实施福利项目的动机不纯，其真正目的是把福利计划作为工资的一种变通，逼工会就范。发展的下一阶段是强调人事管理，包括员工招聘、上岗培训、工作记录、报酬支付和人事档案保管等工作。之后在美国的一些大公司中开始出现人事专家，处理如员工雇用、员工福利、工资标准、工作安全、员工培训以及员工健康等问题，到一次和二次世界大战之间，人事管理渐渐成型。

真正推动并引致人事管理发展成熟的还有管理学科的发展。其中首先要提的是科学管理运动，泰罗所提出的科学管理四原则，即应用科学方法确定从事工作的最佳方式，科学地挑选、培训工人，与工人们衷心合作，在管理当局和工人间进行工作和职责划分，既给人事管理提出了工作要求（如工作分析、员工招录、培训、激励等），也肯定了人事管理的作用。

组织行为的早期倡导者，如切斯特·巴纳德、雨果·芒斯特伯格和马丽·福莱特等人都有一个共同的观点，即认为人是组织最重要的资产，应该对人进行适当的管理。他们的有关思想为人事管理实践奠定了基础，如我们今天关于甄选技术、员工培训、工作设计和激励的实践都或多或少和芒斯特伯格的研究有关；福莱特的人本管理思想至今还影响着我们看待领导、权威、权力和动机的方式。关于人力资源管理在以美国为代表的西方国家的演进过程，由于依据的标准不同，看待问题的角度不同，所以中外有关专家学者的观点也各有不同。其中代表性的观点有六阶段论、五阶段论、四阶段论，还有三阶段论。

就六阶段论来看，六阶段论以管理学有关理论发展为线索，结合人力资源管理实践史上的重大事件，把人力资源管理的发展分为六个阶段，分别是科学管理运动阶段、工业福利运动阶段、早期工业心理学阶段、人际关系运动阶段、劳工

① 董克用，叶向峰．人力资源管理概论[M]．北京：中国人民大学出版社，2003.

运动阶段、行为科学与组织理论阶段。我国学者董克用、叶向峰也持六阶段观点，他们认为，“划分结果是萌芽阶段——工业革命时代、建立阶段——科学管理时代、反省阶段——人际关系时代、发展阶段——行为科学时代、整合阶段——权变管理时代、战略阶段——战略管理时代”。①

由于人力资源管理和人事管理的地位显著不同，因此有学者从地位转化的角度来认识人力资源管理的演变过程，其中美国科罗拉多大学的韦恩·F. 卡肖的认识颇为典型，他认为“人力资源管理的发展经历了四个阶段，即档案保管阶段（20世纪60年代前）、政府职责阶段（开始于20世纪60年代，以1964年的《民权法案》第七章颁布为标志）、组织职责阶段（开始于20世纪70年代末）和战略伙伴阶段（20世纪80年代至今）”②。

此外，对人力资源管理演变过程的划分有从所扮演的角色的角度认识的，有从工作内容角度认识的，还有从不同时期的工作重心转换角度认识的。种种划分，不一而足。

总体而言，关于人力资源管理在以美国为代表的西方国家的演变过程并无完全统一的认识，远的认识追溯到了工业革命时代，近的认识则认为人力资源管理始于科学管理运动。另外，较多的观点认为，人力资源管理在西方国家已进入战略人力资源管理时代。

## 二、我国人力资源管理的演进

### （一）近代劳动人事管理

我国近代企业中的劳动人事管理普遍带有浓厚的封建色彩，企业多实行包工制，有的包工头与企业签订承包合同；有的包工头还以封建行会、地方帮会来控制工人。此外，许多企业又带有浓厚的家族企业色彩。

不过，我国近代不少企业家在劳动人事管理方面也做出了颇具启迪价值的积极探索。

我国近代企业家对人才之于企业的作用普遍都有深刻的认识，如经营华盛纺织总厂的盛宣怀在筹办该企业时曾说：“织局不难于集资，难于得人”，在经营湖北煤铁矿时他也曾说过类似的话，“开矿不难在筹资本，而难在得洋师”。我国化

① 董克用，叶向峰．人力资源管理概论[M]. 北京：中国人民大学出版社，2003.

② 张健东，钱堃，谷力群．人力资源管理理论与实务[M]. 北京：中国纺织出版社，2018.

学工业的开拓者和奠基者范旭东非常懂得人才的重要性，并多次强调“事业的真正基础是人才”。“企业大王”刘鸿生也强调，“要创大业，办大事，首先要有人才”。“棉纺巨子”穆藕初更认为，“人才为事业之灵魂”。不少企业家不仅在思想上认识到人才乃企业生死兴衰之根本，还在实践上也真正把人才问题作为事业，并收到了显著的效果。例如，范旭东每创办一项化工事业都招揽一批优秀人才做骨干。在我国近代企业史上，还有不少这样的典例，卢作孚、刘鸿生、汤蒂因、郑观应、徐润等莫不如此。①

尽管企业命运受各种因素影响，但在生产力诸要素中，人是最关键、最有活力的因素，员工的素质水平是决定企业成功与否的关键。除了个人的自主探索和研究，提升人们的素质还需要有序、系统性地进行培训和教育。在企业的人力资源管理和开发中，培训是企业提升人力资源价值的重要利器之一，对于提高企业的组织效能至关重要，同时培训也是企业人才培育的关键元素。我国近代企业先驱非常重视人才的培训和员工进行专业技能的提高。

例如，商务印书馆的创办者之一夏瑞芳在该企业的经营过程中，一方面招收青年工人向日本技师学习，另一方面派遣学生到国外学习印刷；“以商立本”的实业家郑观应在担任轮船招商局帮办和兼任汉阳铁厂总办的过程中成立局属驾驶学堂，聘请美国人为学堂总教习，培养驾驶人员，招收学生上午读书，下午入厂学习机器；杰出的实业巨子荣德生 1928 年创办申新纺织总公司职工养成所，培植技术人才，从该所毕业的历届学员，分布在全国各地棉纱企业担任管理技术人员。此类例子俯拾即是，不一而足。

资料显示，“弃儒从商的末代状元张謇在经营大生纱厂的过程中，关心员工福利和生活，调动员工的工作热情，提高企业的工作效率，在企业内形成群体凝聚力。下属家中遇到困难，他也关怀备至。每逢过年过节，或者工厂获利较多时，他都特地吩咐多办几个菜，让工人饱吃一顿。他还常常为工人、职员发一点同行厂家未曾注意到的小福利，以使工人、职员觉得大生纱厂更关心工人。张謇把在最困难的时候助过自己一臂之力的杜于周尊称为老同事。在他 60 岁生日时，张謇特地撰写寿联，亲自前往祝寿；他死时，张謇又特地把杜于周的灵堂设在工厂大厅里，哀恸欲绝。大生纱厂的职工见张謇对老同事如此优礼有加，深受感动，并互相勉励，要忠于‘大生’，维护‘大生’”。②

---

① 孔令仁，李德征．中国近代企业的开拓者（下册）[M]．济南：山东人民出版社，1991.

② 马学新，曹均伟，席翔德．近代中国实业巨子[M]．上海：上海社会科学院出版社，1995.

除了张謇，其他民族企业家也深刻理解培训的重要性。例如，20 世纪 30 年代初，实业专家陆绍云在经营大成纱厂时，重视生产和员工教育福利。他为工人提供宿舍、托儿所等便利设施，使工人居住舒适。同时，陆绍云强调提高工人文化素养，要求每人每天学习一小时。又如，作为银行家，宋汉章一直坚持高尚的道德标准，并采取了多种措施来改善职工的生活条件，其中包括购买土地以建造职工宿舍、礼堂等设施。为方便职工的日常生活和子女的学习，他买了一辆大型客车，为职工提供上下班的接送服务，同时开办小学。

我国近代企业在绩效考评和薪酬管理方面也做过诸多积极尝试。例如，竺梅先在华丰造纸厂倡导生产救国，创新引入经济责任制，使员工收入与工厂利润挂钩，奖金丰厚，员工可将红利入股，获持股权。又如，卢作孚在民生公司实施详尽的绩效考核，每月一次，与奖惩挂钩，成效显著。

### （二）中华人民共和国成立后的人事管理

中华人民共和国成立后，随着社会主义改造的完成，我国建立起了高度集中的社会主义计划经济体制。计划经济体制下企业劳动人事管理的主要表现如下。

（1）国家实行“统包统配”的就业制度，企业（此处指国有企业，包含全民所有制和集体所有制两种性质）没有用工自主权和没有选择员工、解雇员工的权力，人员只进不出，没有正常的退出机制（即所谓“铁饭碗”）。

（2）工资分配上存在严重的平均主义，能多不能少（即所谓“铁工资”），鼓励精神激励，反对奖金。首先，国家统一制定工资标准，工资形式采取以计时工资为主、以计件工资为辅的办法。其次，员工进入企业后，按学历高低、工龄长短确定相应级别。员工的劳动报酬，一方面，按工龄累计，由国家统一调整工资；另一方面，根据工龄与工作业绩综合情况评定工资，前者为主、后者为辅。因此，企业员工工资呈现随着年龄的增长而上升的趋势。企业员工的工资报酬、福利待遇基本上无太大差异，其分配表现出明显的均衡的、平均主义的理念。最后，平均主义还有另外的表现，如针对遗留下来的高级脑力劳动者（特别是国家和企业的高级管理人员）与体力劳动者之间的收入差别过大的问题，我国在改革工资制度和调整工资的时候，逐步地缩小了这种不合理差别。

（3）劳动人事管理停留在简单的档案管理和资料统计阶段。

### （三）改革开放后的人力资源管理

1978 年党的十一届三中全会以后，随着我国经济体制改革的不断深入，尤其是随着1992年《全民所有制工业企业转换经营机制条例》（以下简称《条例》）的施行，企业的劳动人事管理工作进入了一个全新的时期。

《条例》的重点有两个方面：一个是企业的经营权；另一个是企业与政府之间的关系。它的发布实施，是我国经济体制改革特别是企业改革的一件大事。它在增强企业活力、提高企业经济效益、推动企业走向市场方面发挥了重要作用。

《条例》规定企业享有劳动用工权，其用意是解决职工能进能出的问题，建立一个有生机和活力的劳动用工制度。在招工方面，对于企业的招工时间、条件、方式和数量，政府不再实行计划管理，而是由企业根据自身情况决定；在用工方面，企业可以自主地决定用工形式。《条例》突破了过去国家对企业劳动用工的计划管理，还规定了企业有权依照法律法规和企业规章，解除劳动合同、辞退、开除职工。

为了建立一个充满生机和活力的企业人才竞争机制，打破企业干部制度的终身制，《条例》规定企业享有人事管理权。其具体内容包括：一是企业可以自主行使人事管理权；二是对技术人员、管理人员实行聘用制、考核制，打破干部工人界线，以公平考核、择优上岗的原则，评聘管理人员和技术人员；三是规定了各级管理人员的任免权限，厂长可以任免中层行政管理人员。

自20世纪90年代起，外资大量进入我国，中外合作经营企业、中外合资经营企业及外商独资企业纷纷成立，尤其是2001年我国加入WTO后，每年都有大量的外资进入我国，据资料显示，“仅以2006年来看，我国实际利用的外商直接投资就达694.68亿美元，跨国公司进入我国的势头强劲。”[①] 外商投资企业所实施的先进的人力资源管理方法不仅帮助了企业提升自身的绩效，还为国内企业树立了学习的范本。外商投资企业在员工招聘、绩效管理、薪酬管理和员工培训等方面均有值得国内企业学习的特点。外资企业的人力资源管理在一定程度上已经本土化，人力资源经理主要由大陆员工担任。

外资企业也非常注重将人力资源管理与组织战略相结合，力求引入高效的人力资源管理方案，采用以个人绩效为基础的激励机制和完善的员工评估制度。在外资企业中，以业绩为基础的奖励和个人业绩评估具有非常重要的作用。在企业人力资源开发过程中，制定个人或团队目标并进行考核已经成为一个必不可少的环节。

市场容量大并且具有广阔发展潜力的中国市场成为跨国公司竞争的主要地

① 安东方．美资在华企业的人事管理[J]．行政人事管理，2000（2）：47．

区，发达国家企业不仅将生产基地向我国转移，同时也在金融等其他服务产业领域登陆，我国各产业正面临着外资的大规模并购。从众多跨国公司改组国内企业的经验来看，跨国公司不仅能够带来技术，而且也带来了管理理念、管理、营销等“软”资源，通过管理溢出提升了企业的经营管理能力（包括人力资源管理能力）。

自2020年以来，我国人力资源管理在数字化、智能化、多元化等方面取得了显著发展。组织结构调整、灵活用工、员工福利制度优化等成为人力资源管理的重点。同时，大数据、人工智能等技术的应用也使人力资源管理更加高效和精准。

总之，外商投资企业的先进技术、管理经验，可以助推我国企业完成由经验管理向科学管理的转变、由传统管理向现代管理的转变，全面提高我国企业的人力资源管理水平。总体而言，目前国内企业对人力资源管理的重视程度前所未有，人力资源管理正在我国蓬勃发展。

## 第四节　人力资源管理的现状与挑战

### 一、人力资源管理的现状

人力资源一词是由当代著名管理大师彼得·德鲁克于1954年在其经典著作《管理的实践》中提出的。德鲁克提出了管理的三大职能：管理组织、管理经理人员、管理员工及他们的工作。在讨论如何管理员工及其工作时，德鲁克引入了人力资源这个概念。他强调，与其他资源相比，人的独特之处不仅在于其主观能动性，还是具有“特殊资产”的资源。德鲁克认为，人力资源拥有当前其他资源所没有的素质，即协调能力、融合能力、判断能力。这些能力使得人力资源在组织中成为一种独特的资源，具有不可替代性。

如今，人的作用变得非常关键，企业要想在竞争中胜出，就必须依靠管理和技术人员的创造性和主动性。因此，人本主义管理理念已逐渐成为主流。该管理理念确立员工在组织中的核心地位，将员工视为组织的主要推动力量，并以激发员工的积极性、主动性和创造性为核心，展开所有的管理活动。

传统组织的经济目标是追求利润最大化，而现代组织的终极目标则是追求经济效益与社会效益的双重目标。在这个转变过程中，人力资源管理也呈现出新变化。它不再仅关注单个员工的表现，而是将目光投向整个组织，强调团队协作、知识共享和创新能力。此外，人力资源管理也更加注重员工的个人发展与组织目标的结合，通过提供培训和发展机会，激发员工的潜能和创造力。同时，随着全球化进程的加速和技术的飞速发展，人力资源管理也面临着前所未有的挑战，它需要适应跨文化沟通、员工多样性和不断变化的工作环境等新情况。这要求人力资源管理者具备更高的灵活性和创新能力，以应对不断变化的内外部环境。此外，人力资源管理还需要关注员工的工作生活平衡，提高员工的工作满意度和幸福感，包括提供灵活的工作时间、支持员工的学习和发展以及关注员工的心理健康等方面。总的来说，人力资源管理在现代组织中扮演着至关重要的角色，它不仅是组织成功的关键因素之一，也是推动组织适应不断变化的市场和社会环境的重要力量。因此，对于组织来说，重视和优化人力资源管理是至关重要的。

### （一）建设良好的组织文化

随着社会的进步，组织已逐渐演变成一个文化体系的代表，而不仅是一个工作场所。一个优秀的组织文化可以激发员工的归属感和自豪感，提高员工的工作效率和创造力，从而促进组织的成长和发展。为了做好组织文化建设，组织需要注重融合中西方文化、突出时代特色、注重员工的参与和发展等方面的工作。只有这样，才能创造出具有时代特色、充满活力和创造力的组织文化，为组织的成长和发展提供有力的支持。

组织文化是组织的灵魂，它不仅反映了组织的价值观和行为准则，还是组织成员共同的信仰和行为规范。

### （二）确立人本管理的价值取向

我们要明确人本管理的价值取向在任何组织中都是至关重要的。无论是在企业、政府机构、非营利组织或是党校，其核心都是关注人的需求、人的发展和人的潜能的发挥。在人本管理中，尊重、理解、激励和培养是关键原则，这些原则能够引导组织更好地关注员工的发展，从而提升组织整体的效能。任何一个组织都需要建立适应其特定环境和目标的人力资源管理框架，包括制定明确的愿景、使命、目标和战略，然后将其与人力资源策略和决策相匹配。这种框架不仅需要关注员工的专业技能和知识，还需要重视员工的“软”技能，如团队协作、沟通技巧和领导力等。当我们谈论员工发展时，并不局限于个人能力的提升，还包括推动员工在组织内各个角色之间的转换和流动。随着组织的发展和变革，员工需要具备跨部门、跨角色的能力和灵活性。因此，组织需要建立一种机制，鼓励员工不断学习和成长，使其为组织带来更多的价值。

组织需要建立公正、透明的激励机制，以鼓励员工积极投入工作并创造价值。这不仅包括薪酬、福利等物质激励，还包括认可、荣誉等非物质激励。同时，激励机制应当与组织的文化和价值观相一致，以引导员工的行为与组织的目标相一致。任何一个组织都需要建立良好的沟通机制和文化，以确保信息的畅通和员工的参与。这种参与不仅包括决策过程中的参与，还包括问题解决、创新和持续改进过程中的参与。这种沟通机制能够提高员工的归属感和责任感，从而提升组织的整体效能和绩效。

总的来说，人力资源管理是一个复杂而又关键的领域。它不仅需要我们关注人的需求和发展，同时还需要我们关注组织的特定环境和目标。只有这样，我们才能真正发挥人的潜力，为组织带来更多的价值。

### （三）明确人力资源为组织的重要资源

人力资源的内涵包括人力资源开发。人力资源开发不仅是组织对员工进行培训和发展的过程，还是满足员工内在需求的重要途径。通过开发人力资源，组织可以提高员工的工作效能，实现个人和组织的共同发展。在开放的动态的系统中进行人力资源管理和开发是十分重要的。这意味着人力资源管理不仅要注重个体的技能培养，还需要关注组织的战略目标和未来发展需求。

1. 进行系统工程

进行系统工程包括建立多种体系，以便有效地管理和发展人力资源。

（1）社会保障体系：这个体系能确保员工在工作过程中得到社会保障，包括但不限于医疗保险、养老保险、意外保险等。这些保障能够使员工更加安心地投入工作中，也可以在一定程度上保障其工作生活的质量。

（2）评价激励约束体系：这一体系包括根据员工业绩考核情况给予晋升，以达到“能级对应”的目标。通过业绩考评，组织可以将员工的表现、能力与晋升机会和薪酬挂钩。

（3）组织分工体系：组织分工体系包括组织的结构和劳动分工的安排。在动态管理下，组织应根据内外部环境的变化及时调整组织结构和劳动分工，以实现最有效的人力资源组合。这意味着组织需要不断适应变化，使人力资源配置与组织的战略目标和业务需求保持一致。

2. 开发人力资源潜能

我国人力资源存在数量过多以及结构不合理等问题。通过一些措施，可以逐步实现人力资源潜能的充分发挥，为经济社会的发展注入更多的活力和动力。比如，组织可以制订与战略目标和个体发展需求相契合的培训计划，包括技能培训、领导力发展、专业知识学习等，以提高员工的综合素质和能力。又如，可以通过为员工制订个性化的职业发展规划，帮助他们发现自己的潜能、兴趣和优势，从而实现工作上的成长和发展。此外，还可以鼓励员工通过主动学习不断充实自己。

### （四）建立完善的绩效评价体系

建立完善的绩效评价体系，这是企业管理中不可或缺的一环。绩效评价体系不仅能够帮助企业更好地了解员工的工作表现，还能为企业制定更加合理的人力资源政策提供有力的支持。在更广泛的组织中，建立完善的绩效评价体系也是至关重要的。组织作为社会的重要组成部分，其运营和发展都依赖于人力资源的支撑。要想激发员工的积极性和创造力、提高组织的工作效率，就必须建立科学、公正、透明的绩效评价体系。

### （五）制定科学的政策，吸引、留住人才

为了保持组织人员的相对稳定并吸引、留住人才，组织需要制定科学的政策。然而，真正留住人才并非短时间内可以完成，因此，为了使人才流失降到最低，现代组织应制定并执行科学合理的转换成本政策。这意味着员工在考虑离开组织时，会因为转换成本而犹豫，这就需要组织在制定薪酬政策时充分考虑短期、中期、长期报酬的关系。

薪酬政策是吸引、留住和激励员工的重要手段。组织应学会运用薪酬来吸引和留住人才。此外，人是有感情的，组织还需要注重人情管理和人文关怀，通过情感来吸引人、留住人。这包括关注员工的需求、倾听员工的声音、提供支持和帮助等。除了薪酬和情感管理，组织还需要为员工提供成就事业的平台和机会。这可以通过制定清晰的职业发展路径、提供培训和发展机会、鼓励员工参与决策等方式来实现。这些措施可以激发员工的内在动力，使他们感到自己的工作有意义、有成就感，从而更加忠于组织。

### （六）为员工创造持续发展的空间

现代组织在追求员工创造价值的同时，也应当关注员工的持续发展。员工的适应能力对于组织和个人的成长具有举足轻重的意义。为了实现这一目标，组织应当为员工提供必要的培训和支持，以促进其个人能力的提升和职业发展。员工

应积极参与竞争，平衡权责，贴近实际，发挥创造力和主动性。

组织要为员工提供持续发展的空间，关注其职业发展需求，提供培训和学习机会；建立鼓励创新和变革的文化，容忍失败，激发创造力和主动性；建立有效激励机制（如晋升、奖金等），激发员工持续发展的动力。

总之，组织有责任为员工创造持续发展空间，促进其发展，提高适应能力，为其提供更多的机会。这既满足了员工职业发展需求，也为组织长期发展提供了支持。

## 二、人力资源管理面临的挑战

### （一）新技术的挑战

新技术的发展给人力资源管理带来了许多挑战。随着科技的不断发展，新技术的出现对传统的人力资源管理方式提出了挑战。例如，人工智能、大数据分析和云计算等技术的应用，正在改变招聘、培训、绩效评估等方面的工作方式和流程。人力资源部门需要不断更新自己的技术和工具，以更好地适应这些新技术的发展，并发挥其在人力资源管理中的作用。新技术的进步要求员工从传统的体力劳动者向知识工人转变，员工需要具备更多的综合性技能和能力。对于组织而言，这意味着需要重新思考招聘标准、培训计划和绩效评估等，以确保员工具备应对新工作要求的能力与知识。组织需要建立先进的人力资源信息系统（HRIS），以更有效地管理员工信息、制订战略计划和评估人力资源政策等。HRIS 的使用可以强化对员工数据的管理、分析和运用，为决策提供更为准确的数据支持，同时也有助于人力资源管理流程的自动化和效率提升。新技术的挑战也是新的机遇，通过有效的应对措施，组织可以提高员工的适应能力，加强人力资源管理的效率和智能化水平，为组织长期发展奠定更为稳固的基础。

### （二）变化管理的挑战

组织内外部环境的不断变化对人力资源管理提出了挑战。管理者要善于引领和管理变化，包括组织结构的调整、业务模式的改变等，以适应市场和行业的变化，同时保持员工的积极性和组织的竞争力。变化管理是组织面临的重要挑战之一。对于任何一家组织来说，变化都是不可避免的，因为外部环境和市场需求都在不断变化。管理者要能够主动应对这些变化，而人力资源管理在变化过程中扮演着至关重要的角色。

在变化管理过程中，人力资源经理以及其他管理者可以采取以下策略进行积极应对：(1) 开展有效沟通。与员工进行开放、真诚的沟通，解释变化的原因、目标和对员工的影响；仔细倾听员工的意见和担忧，理解员工的需要，并在整个变化过程中与员工保持良好的沟通。(2) 提供变化管理培训。为员工提供有针对性的变化管理培训，帮助他们适应新的工作方式和角色，同时培养员工对变化的积极态度。(3) 制定激励措施。制定激励政策，激励员工积极应对变化、提出建议并参与变化过程，帮助员工理解变化对组织发展的意义。(4) 营造积极的变化文化。让员工能够适应和主动迎接变化，鼓励员工从变化的过程中不断汲取经验和成长。

**（三）开发人力资源的挑战**

在人才竞争激烈的环境下，开发人力资源成为一项重要挑战，包括吸引和留住优秀人才、培养和发展员工的潜能、激励员工持续成长等，以满足组织发展的需要。

为了有效地管理人力资本，组织管理者必须采取一系列措施。他们必须重视发展战略，以确保员工具备独特的优势和技能。例如，优化人员配置，为员工提供发展机会，并鼓励他们在工作中不断学习和成长。此外，组织还需要建立适当的激励机制，以鼓励员工发挥其知识和技能的最大价值。

除了发展战略，组织还需要采取其他措施来管理和利用人力资本。其中之一是设法利用现有的知识。知识的价值在于应用而不是储存，因此组织需要找到有效的方法来共享和利用员工的知识和经验。这可以通过建立知识管理系统、鼓励员工交流和合作以及提供相关的培训和教育来实现。组织还可以通过实施绩效管理和奖励机制来进一步开发和利用人力资本。这些机制可以激励员工更加努力地工作，同时也可以为他们提供更多的机会和资源来发展自己的技能和能力。管理人力资本对组织的成功至关重要，组织需要采取一系列措施来开发、管理和利用人力资本，包括重视发展战略、利用现有知识、实施绩效管理和激励机制等。通过这些措施，组织可以更好地挖掘员工的潜力，提高其绩效水平，从而为组织的长期发展奠定坚实的基础。

**（四）成本抑制的挑战**

在当前竞争激烈的商业环境中，降低成本成为许多组织面临的重要挑战之一。在这一过程中，人力资源管理必须主动应对，并在成本抑制的同时保持员工的积极性和组织的竞争力。在进行人力资源管理时，可以采取策略来应对成本抑制的挑战，具体包括：(1）优化员工结构。对组织内部的工作岗位和人员配置进行评估，确保员工结构的合理性和高效性，包括通过定期的岗位评估和调整来优化人员配备，并考虑技能转移和多岗位人员的使用。(2）提高生产效率。鼓励员工参与绩效管理，设立具有挑战性和激励性的目标，帮助员工提高工作效率和工作质量。同时，可以探索引入先进的技术和自动化设备，以提高生产效率并降低人力资源成本。(3）管理员工流动。尽可能避免大规模裁员，鼓励员工内部流动和转岗，以充分发挥员工的潜力和能力。这不仅可以降低培训和招聘成本，还能提高员工的满意度和忠诚度。(4）灵活用工。灵活用工包括外包、合同工、兼职和临时员工等。这种方式可以根据需求进行调整，以满足组织的工作量变化，同时减少固定人力资源成本。(5）奖励和激励策略。制定合理的奖励和激励制度，以鼓励员工在成本抑制的环境下持续提供优异表现，包括绩效奖金、晋升机会、培训和发展等，以保持员工的动力和积极性。在应对成本抑制的挑战时，人力资源管理应当始终将员工作为资本和资源的重要组成部分，注重平衡成本控制和员工激励之间的关系，以实现组织长期发展和员工福利的双赢。

在这样的背景下，组织需要寻找新的方法来降低成本并保持竞争力，包括对员工进行更有效的管理和激励，以及通过提高生产率来降低成本。同时，组织还需要关注员工的福利和工作环境，以保持员工的士气和忠诚度。此外，组织需要认识到，在降低成本的同时，也需要关注员工的权益和利益。例如，组织可以通过提供培训和教育来帮助员工提高能力，从而提高生产率并降低成本。同时，组织还需要关注员工的心理健康和福利，以避免裁员和其他成本削减措施带来的负面影响。

### （五）全球化带来的挑战

在全球化背景下，如何挑选和鉴别那些能够在海外生活和工作的人才；如何设计和实施培训项目，以增强项目经理们对外国文化和工作实践的了解；如何调整薪酬计划，以保证其构成公平，并能适应不同地区的生活成本差异，这些都是全球化对人力资源管理的影响。

为了应对这些挑战，组织需要具备跨文化的视角和能力，以适应不同国家和地区的人力资源管理需求；需要了解并尊重不同的文化背景，同时也要能够制定和实施具有针对性的管理策略，以确保组织的计划能够实现。

# 第二章　人力资源管理中的工作分析

本章为人力资源管理中的工作分析，将从工作分析的术语和内容、工作分析的作用和流程、工作分析的方法、工作分析的实施与说明书编写四个方面进行介绍。

## 第一节　工作分析的术语和内容

工作分析是组织人力资源管理体系中的一项重要的基础工作。一个组织是否进行了工作分析，以及工作分析的质量好坏，都将对人力资源管理工作的各个环节产生重要影响。

### 一、工作分析的定义及其常用术语

#### （一）工作分析的定义

工作分析是一项重要的人力资源管理技术，它通过对某个特定职务进行明确规定，从而使他人了解从事该工作的人员所应具备的条件以及该职位的工作性质、任务、责任。工作分析主要针对以下问题进行具体研究。

谁来完成这项工作（Who）：确定具体从事该职位工作的人员，包括该职位的雇佣条件和任职要求。

这项工作具体是干什么的（What）：明确该职位的具体工作内容、任务和职责。

工作时间的具体安排（When）：确定该职位的工作时间和工作安排，包括工作时间的起止时间、轮班制度等。

工作地点具体在哪里（Where）：明确该职位的工作地点，包括办公室、车间、客户现场等。

从事该工作的目的（Why）：了解从事该职位的目的，包括该职位对组织的贡献和价值。

工作的服务对象，即为谁工作（For whom）：明确该职位的服务对象，包括内部员工、客户、供应商等。

如何进行这些工作（How）：确定从事该职位工作所需要的技能、知识、能力和经验，以及所需的工作方法和流程。

工作分析通常在以下三种情况下进行：一是当新职位产生时，当新的职位产生时，工作分析可以帮助新职位的员工了解职位的工作要求和职责。二是当工作发生重要变化时，如引入新技术、方法或系统时，需要进行工作分析来帮助个人了解工作的相关内容。三是当新组织建立时，工作分析被正式应用，以构建组织的职务结构和招聘需求。

### （二）工作分析的常用术语

工作分析是一项专业性较强的人力资源管理工作，涉及很多专业术语，清晰地界定并准确把握这些术语十分重要，它可以避免在执行工作分析时出现不理解术语而导致错误的情况。

1．工作要素

含义：工作活动中不能再继续分解的最小单位。

示例：发传真、打电话、端茶倒水等。

2．工作任务

含义：在特定的时间内为达到某种目的所从事的一系列工作活动，通常表现为相关工作要素的组合。

示例：销售员拜访一个客户、打字员打印一份文件、员工起草一份文件等。

3．工作职位

含义：需要一个人完成的一项或者多项任务组成的活动。

示例：打字员的工作职责包括打字、校对和简单维修机器等一系列任务。

4．职位

含义：在有效时间内，组织中满足个体满负荷工作量要求的一项或者多项相互联系的职责总和。

示例：办公室主任就是个职位，其工作职责包括日常行政事务、对外接待、文书管理等。

5. 岗位

含义：一个组织内完全相同的职位构成岗位，有两种可能，一是一个职位就是一个岗位，二是多个职位形成一个岗位，一个岗位上可能是一个人，也可能是多个人。

示例：某公司人力资源部经理下属三个工作岗位，如人员招聘专员、薪酬与保险专员、员工关系与考核专员，一人一岗，职责不同。

6. 职务

含义：主要职责在重要性与数量上相当的一组职位的集合或者统称。职务实际上与工作同义，一个职位可以有一个或者多个职务。

示例：某工厂设三个副厂长职务，一个分管生产，一个分管销售，一个分管研发。

7. 职业

含义：职业是一个跨组织的概念，是指在不同组织、不同时间从事相似活动的一系列工作的总称。

示例：教师是一个职业，但又存在于不同的幼儿园、小学、中学和大学当中。

8. 职业生涯

含义：一个人所经历的一系列职位、工作或职业。

示例：大学生职业生涯规划。

## 二、工作分析的内容

工作分析的内容基本分为两大部分，即工作描述和工作说明书。

### （一）工作描述

工作描述是对某一职位的工作内容、职责、任务和权责进行详细描述的文件，通常包括以下内容。

（1）职位的名称：指明该工作的具体职位名称，以便明确职位的身份和归属。

（2）工作的职责：描述该职位所承担的具体工作职责和任务，包括日常工作内容、项目任务、项目管理、人员协调等方面。

（3）工作内容的要求：介绍该职位所要求的具体工作内容，包括技术要求、专业知识、工作技能等方面的要求。

（4）工作时间的要求：说明该职位的工作时间安排，包括工作日、工作时间段、加班要求等。

（5）工作的场所：描述该职位的工作场所（如办公室、工厂、现场等），以便明确工作场景。

（6）工作条件：介绍该职位的工作条件，包括薪酬待遇、福利待遇、工作环境、晋升机会等方面的信息。

### （二）工作说明书

工作说明书是依据工作描述的内容，是明确从事该工作的人员应具备的各项要求和条件的规范性文件，通常包括心理要求、生理要求和一般要求。

（1）心理要求：阐述工作中应具备的心理素质和个人能力要求，包括但不限于语言表达能力、记忆力、决策能力、判断力等。例如，对高压工作环境的应对能力、团队合作能力、解决问题的能力等。

（2）生理要求：对从事人员的身体状况方面的要求，包括身体健康状况、特定的体能要求等。

（3）一般要求：描述从事该工作所需要的一般条件，包括但不限于年龄范围、工作经历、学历要求、性别要求等。例如，是否需要具备本科学历、是否需要有相关工作经验等。

在编写工作描述和工作说明书时，要注意工作描述和说明书的内容需要具体而清晰，避免使用过于抽象的表述，以确保员工能够准确理解职位的需求和要求。如果使用了技术性的术语，那么最好在文档中进行解释，以确保所有员工都能理解文档的内容。为确保句子简明清晰、内容不过于繁杂、可以使人快速理解，注意事项最好控制在三页以内。这些注意事项有助于确保工作描述和工作说明书的有效传达，同时也有利于组织实施职位匹配、员工培训和绩效评估等方面的工作。

## 第二节　工作分析的作用和流程

工作分析是现代人力资源管理所有职能（包括获取、整合、保持与激励、控制与调整、开发等）的基础。企业为了做好工作分析，必须严格按照标准流程进行操作。

## 一、工作分析的作用

工作分析在组织的人力资源管理中扮演着重要的角色，它不仅为组织的人力资源管理提供了明确的标准和基础，还促进了组织的合理化发展。以下是对工作分析在人力资源管理中作用的详细阐述。

### （一）为组织招聘、录用提供标准

通过工作分析，组织可以清晰地了解每个职位的职责、要求和特点，从而在招聘和录用过程中能够更加准确地评估候选人的能力和适应性。这有助于提高招聘和录用的质量，减少随意性和主观性，使组织能够更好地选择适合职位的优秀人才。

### （二）为组织薪酬政策奠定基础

通过工作分析，组织可以明确各个职位的职责、要求和重要性，从而根据组织的实际情况和各职位的相对重要性，制定合理的薪酬政策。这确保了薪酬的内部公平性和外部竞争力，使得组织的薪酬体系更加合理和有效。

### （三）为组织发展提供依据

通过工作分析，组织可以了解各个职位的具体要求和员工实际能力之间的差距，从而制订有针对性的培训计划。这有助于提高员工的能力和素质、促进组织的整体发展。

### （四）为组织职业规划提供依据

通过工作分析，组织可以了解员工的工作特点和职业发展需求，从而制订个性化的职业发展规划。这有助于员工实现自身的职业目标，同时也有助于组织实现其战略目标。

### （五）为组织人力资源规划提供信息

通过工作分析，组织可以对各个职位的工作量和人员需求进行科学的判断，从而为人力资源规划提供必要的信息。此外，工作分析对各个职位的任职资格要求也有助于组织预测内部人力资源供给情况。

### （六）为组织绩效管理提供帮助

工作分析是绩效管理的前提和基础，它明确了各个职位的职责、要求和目标，使绩效评估更加客观和公正。通过对员工的工作表现进行评估，组织可以发现员工的长处和不足，从而制订改进计划和激励措施。这有助于提高员工的工作效率和工作质量，推动组织的发展。

### （七）促进组织结构

通过工作分析，组织可以根据自身的性质和状况，主动调整组织结构，优化管理层次和职责划分。这有助于提高组织的效率和响应速度，适应市场的变化和竞争的需求。同时，工作分析还可以对组织的内部人员配置进行规划和优化，使组织的人力资源得到更加合理的分配和利用。

## 二、工作分析的流程

工作分析要有计划、有步骤地按照一定的流程进行，这个流程主要包括六个阶段，分别是准备阶段、调查阶段、分析阶段、描述阶段、运用阶段、控制和评估阶段。六个阶段彼此之间相互联系、相互影响。

### （一）准备阶段

工作分析的准备阶段是整个工作分析过程的基础和关键。在这个阶段，组织需要明确工作分析的目的、确定工作分析的范围、制订工作分析的计划以及组建工作分析小组。

第一，明确工作分析的目的。组织在进行工作分析前，需要明确工作分析的目的。不同的目的可能导致不同的分析重点和方法。例如，如果目的是制定新的薪酬政策，那么工作分析的重点可能是各个职位的职责、要求和重要性；如果目的是明确员工的职业发展规划，那么工作分析的重点可能是员工的工作特点和职业发展需求。第二，确定工作分析的范围。组织需要根据自身的实际情况和需要，确定工作分析的范围，包括职位范围、时间范围、地域范围等。例如，如果组织需要进行全面的人力资源管理改革，那么工作分析的范围可能包括所有职位；如果组织只需要进行部分职位的调整，那么工作分析的范围可能只需要针对特定职位。第三，制订工作分析的计划。组织需要制订详细的工作分析计划，包括分析的时间、地点、人员、方法等。这可以帮助组织更好地掌握分析的进度和方向，确保分析的顺利进行。第四，组建工作分析小组。组织需要组建一个专门的工作分析小组，负责具体的分析工作。小组成员需要具备相关的知识和技能，能够胜任分析任务。此外，小组还需要明确各自的职责和分工，以确保分析工作的协调和顺利进行。

### （二）调查阶段

工作分析的调查阶段是整个工作分析过程中最为重要的环节之一。在这个阶段，工作分析小组需要收集关于职位的详细信息，包括职位的职责、任务、工作流程、工作环境等方面。

第一，确定调查对象。组织需要明确调查的对象，包括各个职位的员工、直接上级、同事等。对于每个调查对象，组织需要了解其职位职责、任务分配、工作流程、工作环境等信息，第二，设计调查问卷或访谈提纲。根据调查对象的不同，组织需要设计不同的调查问卷或访谈提纲。问卷或提纲的内容需要涵盖职位的各个方面，包括工作职责、任务、工作流程、工作环境等。第三，进行调查。组织需要将调查问卷或访谈提纲发放给调查对象，并收集他们的反馈信息。对于问卷调查，组织需要确保问卷的覆盖面和代表性；对于访谈调查，组织需要确保访谈的深入和全面。第四，整理和分析调查结果。组织需要对收集到的数据进行整理和分析，提取有用的信息，包括对数据进行分类、归纳、对比，以发现职位的实际情况和问题。

### （三）分析阶段

工作分析的分析阶段是整个工作分析过程中最为核心的环节。在这个阶段，组织需要对收集到的数据和信息进行深入的分析和研究，揭示各职位的工作特征、职责、要求等，为后续的人力资源管理工作提供基础。

第一，对各职位的工作特征进行分析。组织需要通过对收集到的数据和信息进行分类和归纳，了解各职位的工作性质、工作内容、工作方法等。例如，对于销售职位，组织需要了解销售人员的销售技巧、客户管理能力、市场分析能力等。第二，对各职位的职责进行分析。组织需要通过对收集到的数据和信息进行对比和分析，明确各职位的具体职责和工作内容。例如，对于人力资源部门的招聘专员职位，其职责包括招聘计划的制订、招聘渠道的选择、简历筛选、面试安排等。第三，对各职位的要求进行分析。组织需要对收集到的数据和信息进行总结和提炼，明确各职位的具体要求和能力要求。例如，对于技术部门的软件开发工程师职位，其要求包括具备编程语言、数据库管理、软件测试等方面的专业技能和能力。第四，对各职位的工作量进行分析。组织需要对收集到的数据和信息进行统计和分析，了解各职位的工作量和工作压力情况。例如，对于生产车间的操作工职位，其工作量可能比较大，有一定的体力和耐力要求。

### （四）描述阶段

工作分析的描述阶段是整个工作分析过程中的重要环节之一。在这个阶段，组织需要将之前收集到的数据和信息进行整理和归纳，并以书面形式对各职位的工作内容、职责、要求等进行详细描述。

第一，要做到对各职位的工作内容进行描述。组织需要清晰地描述各职位的工作内容，包括具体的工作流程、任务、职责等。这有助于组织成员更好地了解各职位的工作要求和特点，为后续的工作安排和协作提供基础。第二，对各职位的职责进行描述。组织需要明确各职位的职责，包括主要职责、次要职责以及不同职位之间的职责关系等。这有助于组织成员更好地了解自己在组织中的角色和定位，以及与其他职位之间的合作关系。第三，对各职位的要求进行描述。组织需要明确各职位的要求，包括必备技能、能力、经验等。这有助于组织成员更好地了解自身所需具备的素质和能力，以及组织对员工的要求和期望。对其他相关信息进行描述。组织需要对其他与工作分析相关的信息进行描述，如工作环境、工作条件、工作要求等。这有助于组织成员更好地了解工作的特点和要求，为后续的工作决策和规划提供依据。

### （五）运用阶段

工作分析的运用阶段是整个工作分析过程中最为关键的环节之一。在这个阶段，组织需要将工作分析的结果应用于人力资源管理的各个领域，如招聘、培训、绩效管理等，以提升组织的管理水平和效率。

第一，要做到运用工作分析的结果进行招聘和选拔。组织可以根据工作分析的结果，明确各职位的职责、要求和能力要求，从而制订更为科学的招聘计划和选拔标准。这有助于组织招募到更为合适的人才，提升招聘的质量和效果。第二，运用工作分析的结果进行培训和开发。组织可以根据工作分析的结果，发现各职位的能力和素质需求，从而制订更为精准的培训计划和开发方案。这有助于组织成员提升自身的能力和素质，满足工作要求，同时也能提升组织的整体绩效水平。第三，运用工作分析的结果进行绩效管理。组织可以根据工作分析的结果，明确各职位的职责和要求，制订更为公正、科学的绩效评估标准和方法。这有助于组织成员更好地了解自身的工作表现和不足之处，同时也能为组织的绩效管理和人员激励提供更为可靠的依据。第四，运用工作分析的结果进行组织结构优化和管理改进。组织可以根据工作分析的结果，发现各职位之间的工作流程和职责划分问题，从而进行组织结构和管理流程的优化改进。这有助于提升组织的效率和产生协同效应，同时也能为组织的战略发展提供更为有力的支撑。

### （六）控制和评估阶段

工作分析的控制和评估阶段是整个工作分析过程中不可或缺的一环。在这个阶段，组织需要对工作分析的过程和结果进行控制和评估，以确保工作分析的有效性和实用性。

第一，要做到对工作分析的过程进行控制。组织需要制订详细的工作分析计划和控制标准，并对工作分析的各个阶段进行严格的监督和控制，包括对调查问卷或访谈提纲的设计、调查的实施、数据的分析、结果的描述和应用等环节进行监督和评估，以确保工作分析的过程符合组织的标准和要求。第二，对工作分析的结果进行评估。组织需要对工作分析的结果进行全面的评估，以确定其有效性和实用性。这包括对各职位的工作内容、职责、要求和其他相关信息的评估，以确定其是否符合组织的实际需求和目标。此外，组织还需要对工作分析的结果进行定期的更新和修订，以确保其与组织的实际情况保持一致。第三，对工作分析的成效进行控制和评估。组织需要制定有效的控制和评估机制，以衡量工作分析的成效，包括对工作分析实施后的招聘质量、培训效果、绩效管理等方面的评估，以确定工作分析是否对组织的实际运营产生了积极的影响。第四，对工作分析的经验进行总结和归纳。组织需要对工作分析的经验进行总结和归纳，以不断完善工作分析的流程和方法。这包括对工作分析过程中遇到的问题、困难和挑战进行总结，并提出相应的解决方案和建议，为组织的未来发展提供有力的支持。

## 第三节　工作分析的方法

### 一、工作实践法

工作实践法是一种人力资源管理中重要的评估和改进方法，它通过实际的工作环境和任务来评估员工的能力和潜力，从而为人力资源的优化配置提供依据。

## （一）实施步骤

1. 明确目标

在实施工作实践法之前，必须明确目标。这些目标可以是提高员工技能水平、改进工作效率、解决特定的工作问题等。目标应当具有明确性和可衡量性，以便在实施过程中进行跟踪和评估。

2. 设计实践计划

根据设定的目标，组织需要设计一个详细的实践计划。这个计划应包括以下五个要素。

（1）实践任务：明确员工在实践中需要完成的具体任务和职责。

（2）实践时间：确定实践开始和结束时间，以及任何重要的时间节点。

（3）实践地点：确定实践的地点，包括员工进行实践的工作场所和所需要的资源。

（4）预期结果：明确实践计划期望达到的结果，以便评估实践是否成功。

（5）实施实践：在制订好实践计划后，组织需要将员工分配到相应的实践任务中，并确保他们理解和接受任务。在实践中，管理者应当提供必要的指导和支持，以确保员工能够成功完成任务。

3. 观察和评估

在实践过程中，管理者需要对员工的表现进行观察和记录，如观察员工的行为、工作效率、质量等方面。通过这些信息，管理者可以对员工的能力和绩效进行评估，并确定实践是否达到了预期目标。

4. 反馈和改进

基于观察和评估的结果，管理者需要将评估结果反馈给员工，并就存在的问题提供指导和建议。同时，组织需要根据实践结果对计划进行改进，以提高效果。反馈和改进是工作实践法中非常重要的环节，它可以帮助员工了解自己的表现，并提供改进的机会。

通过以上四个步骤，组织可以实施工作实践法，并在实践中提高员工的能力和绩效。需要注意的是，工作实践法的实施需要投入时间和资源，因此组织需要根据实际情况进行合理的规划。

## （二）在人力资源管理工作中的应用

1. 招聘和选拔

在招聘和选拔过程中，通过工作实践法，招聘人员可以更准确地评估候选人的实际能力，以确保他们能够胜任所招聘的职位。工作实践法能够让候选人有机会展示他们的技能和知识，并让组织更好地了解他们的适应性和潜力。这种评估方法比传统的面试或简历筛选更具有针对性和客观性。

2. 培训和发展

通过工作实践法，组织可以发现员工在工作中存在的问题，从而为他们提供更有针对性的培训和发展机会。员工可以在实践中接受培训，并通过实际操作来提高他们的技能和知识。这种培训方法比传统的课堂式培训更具有实用性和效果。

3. 绩效评估

工作实践法可以帮助组织更全面地了解员工的工作表现，这为绩效评估提供了更为客观和准确的依据。通过观察员工的实际表现，管理层可以更准确地评估员工的绩效，并确定他们的能力和潜力。这种评估方法比传统的绩效评估更具有针对性和客观性。

4. 职业发展

通过工作实践法，员工可以更清楚地了解自己的能力和潜力，从而更好地规划自己的职业发展路径。员工可以在实践中了解自己的优势和不足，并确定自己的职业发展方向。这种规划方法比传统的职业规划更具有实用性和效果。

5. 团队建设

工作实践法可以帮助团队成员更好地协作，能够增强团队凝聚力、提高团队整体效率。通过实践，团队成员可以更好地了解彼此的能力，并形成更紧密的合作关系。这种建设方法比传统的团队建设更具有实用性和效果。

工作实践法在人力资源管理中具有广泛的应用价值，可以帮助组织更好地了解员工的能力和潜力，并为招聘、培训、绩效评估、职业发展和团队建设提供更准确和客观的依据。

## 二、观察法

在人力资源管理中，工作分析是一项至关重要的任务，它有助于员工了解工作的内容、职责、要求和工作环境，从而为人力资源管理的决策提供依据。在工作分析的方法中，观察法是一种直接、客观且有效的方式，它能够通过实地观察和记录工作人员的工作过程和结果，深入地收集关于工作的第一手信息。以下是观察法的应用。

### （一）工作内容的了解

通过直接观察工作人员的工作过程，我们可以更加深入地了解工作的具体内容、步骤和要求。这种方法能使我们明确工作的复杂程度、所需技能以及任务的重要性。例如，在生产线上观察工人的操作过程，可以清楚地了解他们的工作内容、操作步骤和技能要求，从而为后续的人力资源配置和培训提供依据。

### （二）工作人员行为的洞察

观察法同样有助于了解工作人员的行为和态度。在观察过程中，我们可以了解员工是如何执行任务的、他们对工作的投入程度以及他们之间的互动关系等。例如，在客户服务岗位的观察中，我们可以通过观察员工的接待方式、沟通技巧和解决问题的能力来评估他们的服务质量和客户满意度。

### （三）工作流程的优化

通过观察工作流程，我们可以识别流程中的瓶颈、低效环节以及潜在的改进空间，这有助于我们改进工作流程、提高工作效率。例如，在对物流中心的观察过程中，我们可能会发现某些环节存在浪费时间的现象，通过优化流程可以显著提高整体效率。

### （四）工作环境的评估

工作环境对工作人员的绩效和满意度有着重要影响。通过观察，我们可以了解工作环境的物理条件、氛围以及员工之间的相互影响等。例如，在对办公环境的观察中，我们可以评估空间布局、办公设备、绿植等对员工工作效率的影响。

### （五）绩效评估的依据

观察法可以为绩效评估提供客观的依据。通过观察员工的工作表现，我们可以获取关于他们的工作效率、质量、态度等的直接证据。这有助于我们识别员工的优点和需要改进的地方，为晋升、奖励和制定人力资源决策提供支持。例如，在对销售团队进行观察时，我们可以根据员工的销售业绩、客户反馈和服务质量等来评估其绩效。

### （六）培训需求的确定

通过观察员工在工作中遇到的困难和挑战，我们可以确定针对性的培训需求。

这可以帮助员工填补技能或知识的空白，提高他们的工作效率和满意度。例如，在对技术部门的观察中，我们可能会发现某些员工在某个技术领域存在不足，通过培训，可以提升他们的能力并使他们更好地适应工作需求。

### （七）工作设计的依据

观察法还可以为工作设计提供依据。通过观察和分析工作的执行过程，我们可以了解工作的特点和需求，从而设计出更符合工作实际的人力资源管理策略。例如，在设计新的工作流程时，我们可以通过观察现有流程中的瓶颈和低效环节来优化新流程的设计方案。

观察法在人力资源管理的工作分析中具有广泛的应用价值。它不仅可以帮助我们深入理解工作的内容、要求和流程，还可以评估员工的行为、态度和绩效。此外，通过观察法收集到的第一手资料还可以为明确培训需求和工作设计提供可靠的依据。然而需要注意的是，实施观察法时需要遵循相关法规和道德准则，尊重员工的隐私并确保不侵犯他们的权益，同时还要与员工进行有效的沟通和合作，以确保观察结果的客观性和准确性。

## 三、访谈法

访谈法在人力资源管理中扮演着重要的角色，特别是在工作分析中，通过与相关人员进行面对面的交流，我们可以收集关于工作的信息，了解工作的内容、职责、要求和工作环境等，为后续的人力资源管理决策提供可靠的依据。以下是访谈法在工作分析中的主要应用。

### （一）了解工作背景和目标

访谈法可以帮助人力资源管理者了解工作的背景和目标。通过与部门经理、员工代表等相关人员进行深入交流，人力资源管理者可以获取关于工作的整体情况、组织战略和业务发展等方面的信息。这些信息有助于人力资源管理者更好地理解工作的需求和目标，为后续的工作分析提供基础。

### （二）明确工作职责和内容

访谈法可以帮助人力资源管理者明确工作的职责和内容。在与员工进行交流时，人力资源管理者可以了解他们的工作职责、任务、工作流程和与其他部门的协作关系等。这些信息有助于人力资源管理者准确地把握工作的特点和需求，为后续的招聘、培训和绩效评估等提供依据。

**（三）确定工作要求和技能**

访谈法还可以帮助人力资源管理者确定工作的要求和所需技能。在与员工交流的过程中，人力资源管理者可以了解他们所需具备的知识、技能和能力，以及在实际工作中遇到的挑战和问题。这些信息有助于人力资源管理者评估现有员工的能力水平，为后续的培训和发展计划提供参考。

**（四）发现潜在问题和挑战**

访谈法有助于人力资源管理者发现潜在的问题和挑战。在与员工交流过程中，可以了解他们对工作的满意度、工作压力、职业发展等方面的看法。这些信息有助于人力资源管理者识别潜在的问题和挑战，为后续的政策制定和改进措施提供依据。

**（五）评估组织文化和氛围**

访谈法可以帮助人力资源管理者评估组织的文化和氛围。通过与员工进行深入交流，人力资源管理者可以了解他们对组织的认同感、工作氛围、团队合作等方面的看法。这些信息有助于人力资源管理者了解组织的优势和不足，为后续的组织文化和团队建设提供参考。

**（六）确定培训和发展需求**

访谈法有助于人力资源管理者确定培训和发展需求。在与员工交流过程中，人力资源管理者可以了解他们的职业规划、能力短板和发展需求等。这些信息有助于人力资源管理者制订针对性的培训和发展计划，为员工成长提供支持。

**（七）沟通与协作的重要性**

访谈法能够增强人力资源管理者与其他部门的沟通与协作。通过与相关部门负责人进行交流，人力资源管理者可以了解其他部门对人力资源管理的需求和期望，同时也可以分享人力资源管理的策略和政策。这有助于增强各部门之间的理解和合作，共同实现组织的目标。

总之，访谈法在人力资源管理的工作分析中具有广泛的应用价值。通过与相关人员进行面对面的交流，人力资源管理者可以获取关于工作的多方面信息，为后续的人力资源管理决策提供可靠的依据。同时，访谈法还可以帮助人力资源管理者发现潜在的问题和挑战，评估组织的文化和氛围，并确定培训和发展需求。需要注意的是，实施访谈法时需要遵循相关法规和道德准则，尊重员工的隐私并确保不侵犯他们的权益，同时还要与员工进行有效的沟通和合作，以确保访谈结果的客观性和准确性。

## 四、问卷法

在人力资源管理的工作分析中，问卷法是一种常见的收集数据的方法。这种方法通过设计问卷，向相关人员收集关于他们的工作职责、工作要求、工作感受等信息，从而帮助人力资源管理人员更好地理解工作的内容和目标，进而制定出更加合理的人力资源政策。

### （一）设计与实施

1. 设计问卷

问卷法的前提是设计出一份具有针对性的问卷。问卷通常由一系列问题组成，问题的形式可以是封闭的（如选择题）也可以是开放的（如填空题）。设计问卷时，需要考虑到工作分析的目标、工作的特点以及员工的需求。

2. 发放问卷

将设计好的问卷发放给相关员工，通常是通过在线或纸质的形式进行。在发放问卷前，需要向员工解释清楚问卷的目的和填写方法。

3. 数据收集

员工填写问卷后，人力资源管理人员需要收集并整理数据。数据主要包括员工对工作的看法、对工作的要求、工作中的难点等。

4. 数据分析

对收集到的数据进行统计分析，包括对数据的描述性统计和因变量分析。这些分析可以帮助人力资源管理人员了解工作的特性、员工的需求和工作的难点。

5. 结果呈现

将分析结果以图表或报告的形式呈现出来，以便管理人员理解和制定相应的政策。

### （二）问卷法的优势

1. 效率高

问卷法可以快速收集大量数据，并且数据的处理和分析都可以通过计算机实现，大大提高了工作效率。

2. 成本低

与其他数据收集方法相比，问卷法的成本较低，并且可以在短时间内收集到大量的数据。

3. 针对性强

问卷可以根据不同的工作特点进行定制，使收集到的数据更加具有针对性。

4. 匿名性

问卷法通常采用匿名形式，可以保证员工在填写问卷时不会受到任何压力或干扰，从而得到更真实的数据。

### （三）问卷法的不足

虽然问卷法在人力资源管理的工作分析中具有很多优点，但也存在一些不足之处。

问卷设计需要投入大量时间和精力。设计一份有效的问卷需要深入了解工作特性和员工需求，同时还需要考虑问题的针对性和可操作性。如果问卷设计不合理，可能会导致收集到的数据不准确或无效。

员工填写的认真程度和配合程度可能会影响数据的质量。如果员工对问卷的目的和内容不了解，或者认为填写问卷与他们的工作无关，可能会导致他们不认真填写或拒绝填写。

数据分析需要一定的专业技能和经验。如果数据分析不当，可能会导致对数据的误解或错误解释，从而影响工作分析的准确性。

问卷法的结果可能受到其他因素的影响。例如，员工的文化背景、个人偏好等可能会影响他们对问题的理解和回答。这些因素可能会导致数据不准确或出现偏差。

## 五、工作日志法

工作日志法是一种以文字或数字形式记录员工日常工作的方法。通过分析工作日志，人力资源管理者可以获取关于工作的详细信息，包括工作内容、职责、要求和员工行为等。以下是在人力资源管理中应用工作日志法的几个主要方面。

### （一）了解工作内容和职责

工作日志法是了解员工工作内容和职责的有效工具。通过分析工作日志，人力资源管理者可以了解员工在工作中所承担的任务和职责，以及工作的流程和相互关系。这对于后续的招聘、培训和绩效评估等具有重要的参考价值。例如，在招聘过程中，工作日志可以提供关于职位要求的详细信息，有助于筛选出最符合职位需求的候选人。

**（二）评估员工绩效和表现**

工作日志还可以为评估员工绩效和表现提供依据。在日志中，员工记录了自己的工作成果、遇到的困难和挑战以及解决方案等。通过分析这些信息，人力资源管理者可以了解员工的工作表现和绩效，为后续的奖励、晋升和其他激励措施提供依据。同时，工作日志还可以帮助管理者发现员工在工作中存在的问题和不足，为后续的培训和发展计划提供参考。

**（三）发现潜在问题和挑战**

工作日志法有助于发现潜在的问题和挑战。在日志中，员工可以记录工作中遇到的问题和困难，并提出相应的解决方案。通过分析这些信息，人力资源管理者可以了解员工工作的瓶颈和低效环节，为后续的工作流程优化和政策制定提供依据。同时，管理者还可以通过工作日志发现员工的创新能力、团队合作精神等非工作方面的表现，为后续的人才选拔和任用提供参考。

**（四）促进员工参与和沟通**

工作日志法可以促进员工的参与和沟通。在记录工作日志的过程中，员工可以与上级管理者进行沟通和交流，分享工作中的心得体会和经验教训。这有助于增强员工的归属感和责任感，同时也可以促进管理者与员工之间的相互理解和信任。工作日志的分享和讨论，还可以加强员工之间的学习和交流，促进团队的合作和发展。

**（五）优化工作流程和方法**

工作日志法可以帮助优化工作流程和方法。通过分析工作日志中的问题和挑战，人力资源管理者可以发现员工工作的瓶颈和低效环节，有针对性地提出改进措施和方法。这有助于提高员工的工作效率和工作质量，同时也可以降低成本和错误率。例如，在生产线上发现某个环节存在效率低下的问题后，管理者可以通过分析工作日志找到原因所在，并采取相应的改进措施来提高生产效率。

工作日志法在人力资源管理的工作分析中具有广泛的应用价值。通过记录和分析工作日志，人力资源管理者可以了解员工的工作内容、职责和工作流程，优化工作流程和方法，评估员工绩效和表现，发现潜在问题和挑战，促进员工参与和沟通，从而为后续的人力资源管理决策提供可靠的依据。同时，还可以提高管理者的洞察力和决策能力，使管理者更好地了解员工需求和企业发展情况。

## 第四节 工作分析的实施与说明书编写

在人力资源管理中，工作分析是一项至关重要的基础工作。通过系统地开展工作分析，组织可以全面了解各个岗位的工作内容、职责、要求和特点，进而为后续的招聘、选拔、培训、绩效管理等提供坚实的科学依据。编写工作说明书是工作分析的重要成果之一，它详细描述了岗位的基本信息、工作职责、工作要求和工作条件，为组织的后续人力资源管理提供了明确而实用的参考。

### 一、工作分析的实施

#### （一）确定分析目标

在工作分析实施之前，必须明确工作分析的目标。组织可以根据实际情况，从不同的角度出发（如为了招聘新员工、培训现有员工、制定薪酬政策等），来确定工作分析的目标。这有助于为后续的数据收集和分析提供明确的方向。

#### （二）确定分析对象

根据已确定的工作分析目标，组织需要确定进行分析的岗位或任务。这既可以包括整个岗位，也可以仅包括某个特定的任务或项目。对于每个岗位或任务，应详细描述其工作内容、职责、要求和特点等。

#### （三）收集相关信息

在工作分析中，需要收集与岗位或任务相关的各种信息。这包括但不限于工作职责、工作流程、工作要求、工作条件等。收集信息的方法可以包括访谈、观察、问卷调查等。

例如，访谈是与岗位员工进行深度交流，了解他们的工作日常、遇到的问题和挑战等；观察则是亲自到工作现场，观察员工的工作状态、工作环境等；问卷调查则是设计一份详细的问卷，由岗位员工填写，从而收集他们的反馈和建议。

### （四）分析整理信息

收集到相关信息后，组织需要对这些信息进行分析和整理。这通常涉及对数据的筛选、分类、统计和分析。例如，组织可以通过流程图或表格的形式，将收集到的信息整理成易于理解和使用的形式。这有助于发现数据中的模式和趋势，为后续的决策提供数据支持。

总的来说，工作分析是一个系统性的过程，需要组织有明确的目标和计划。通过科学的方法和步骤，组织可以有效地收集和分析与岗位相关的信息，从而为人力资源管理的其他方面提供重要的支持和参考。

## 二、工作说明书编写的方法

### （一）明确岗位基本信息

在工作说明书中，需要明确岗位的基本信息，包括岗位的名称、编号、工作地点、工作范围、职责领域等。这些基本信息对于组织来说非常重要，因为它们提供了关于岗位的基本情况和定位。通过了解这些基本信息，组织可以更好地了解岗位的职责和要求，从而更好地进行人力资源管理和资源配置。

### （二）详细描述工作职责

工作职责是工作说明书中的重要内容之一，需要详细描述岗位的工作职责和任务，包括工作的主要内容、目标、难点和重点等。通过详细描述工作职责，组织可以更好地了解岗位的工作内容和职责范围，从而为后续的招聘、选拔和绩效管理提供依据。同时，这也为员工提供了明确的工作目标和方向，有助于提高员工的工作效率。

### （三）明确工作要求

工作要求是工作说明书中的另一重要内容，需要明确符合岗位特点的工作要求和标准。这包括对员工的技能、能力、经验等方面的要求，以及对员工的工作态度、沟通能力等方面的要求。通过明确工作要求，组织可以更好地了解岗位的工作要求和标准，从而为后续的人力资源管理提供参考。

### （四）列出工作条件

工作条件是工作说明书中的又一项重要内容，需要列出与岗位相关的工作条件和环境等方面的要求，包括对员工的工作时间、工作地点、工作班次等方面的要求，以及对员工的工作环境、安全等方面的要求。通过列出工作条件，组织可以更好地了解岗位的工作条件和环境要求，从而为后续的招聘、选拔和绩效管理提供依据。同时，这也为员工提供了明确的工作条件和环境要求，有助于提升员工的工作能力。

**（五）其他信息补充**

除了以上基本信息、工作职责、工作要求和工作条件，工作说明书还可以包括其他有用的信息。例如，可以补充岗位的历史沿革、发展趋势等信息，这些信息有助于组织更好地了解岗位的历史和发展趋势，从而为后续的人力资源管理和资源配置提供参考。另外，也可以补充岗位的培训和发展机会等信息，这些信息有助于组织更好地了解员工的培训和发展需求，从而为员工提供更好的职业发展机会和培训资源。

总之，编写工作说明书是人力资源管理中非常重要的基础工作之一。通过编写工作说明书，组织可以全面了解各个岗位的工作内容、职责、要求和特点，从而为后续的招聘、选拔、培训、绩效管理等提供科学依据。同时，编写工作说明书也有助于组织的长期发展和稳定运营。

# 第三章　人力资源的获取

组织要想持续良好地发展，就必须保障人力资源的获取，本章为人力资源的获取，将分别从人力资源的规划、人力资源的招聘和人力资源的培训三个方面进行介绍。

## 第一节　人力资源的规划

### 一、人力资源规划的内涵

在任何行动之前，制订一个计划是至关重要的，人力资源管理也不例外。为了确保整个系统能够正常运转并发挥其应有的作用，组织必须认真进行人力资源规划。

人力资源规划是指根据组织的发展战略和经营目标，通过对组织未来人力资源的需求和供给状况的分析及估计，对职务编制、人员配置、教育培训、人力资源管理政策、招聘和甄选等内容进行的人力资源规划。人力资源规划的概念涵盖了以下四层含义。

（1）人力资源规划需要适应组织内外部环境的变化。这意味着组织需要密切关注其内部和外部环境，包括行业趋势、市场需求、技术发展、竞争态势等，以确保其人力资源策略与这些变化保持一致。

（2）人力资源规划的制定应以组织的发展战略和目标为依据。这强调了组织在制定人力资源策略时，要充分考虑其长期发展战略和短期目标，以确保组织在不同阶段都有适当的人力资源支持。

（3）制定必要的人力资源政策和措施是人力资源规划的主要工作。这涉及组织在招聘、培训、评估、晋升等方面需要采取的政策和措施，以确保组织的运营和管理得以顺利进行。

（4）人力资源规划的目的是使组织人力资源供需平衡，保证组织长期持续发展和实现员工个人利益。这意味着组织需要确保有足够且合适的员工来满足其运营需求，同时也要关注员工的个人发展，以实现组织和员工的共同发展。

## 二、人力资源规划的作用

人力资源规划在组织人力资源管理活动中的作用主要体现在以下几个方面。

### （一）提前预判组织未来的生产经营所需的人力资源

人力资源规划的核心不仅是确保当前的人力资源需求能够得到充分满足，还在于提前预判组织未来的生产经营所需的人力资源，以便做好充足准备。规划应考虑到组织的不断变化，并制定与组织长期效益相匹配的政策。通过这种规划，组织能够在不断变化的市场环境中稳健竞争，并实现可持续发展的目标。

在制定人力资源规划时，需要考虑组织的整体战略目标、组织结构、员工结构、招聘和培训需求、绩效管理、薪酬福利等因素。这些因素对于人力资源规划的成功实施至关重要。同时，人力资源规划还需要与组织的财政预算相结合，确保人力资源的投资与组织的财务目标相一致。人力资源规划对于组织的长期发展具有重要意义。通过合理的人力资源配置和有效的人力资源管理，组织可以提升员工的工作满意度和忠诚度、提高员工的生产力和工作效率，从而推动组织持续发展。同时，人力资源规划还可以帮助组织更好地应对市场变化和挑战，增强组织的适应性和创新能力

### （二）有助于组织更好地适应环境变化

在当今社会，技术的快速进步和市场竞争的日益激烈使组织必须具备适应和应对环境变化的能力。人力资源规划在这种背景下显得尤为重要，它通过预先对组织内部和外部的人力资源需求进行深入分析，确保了组织在面临挑战时具备足够的人力资源支持，从而满足其生存和发展的需求。

具体而言，人力资源规划需要考虑市场的变化、技术的发展以及组织的战略目标等因素，制定出一套与组织长期效益相适应的人事政策。这套政策不仅包括员工的招聘和培训，还涵盖了员工的绩效管理和薪酬福利等方面。通过这样一套政策，组织可以确保员工的能力与组织的战略目标相匹配，同时也能提高员工的工作满意度和忠诚度，从而推动组织的持续发展。因此，人力资源规划不仅关注当前的人力资源需求，还着眼于未来的发展。它是一种战略性的规划，能够为组

织的长期发展提供有力的人力资源支持，确保组织在不断变化的环境中具备适应和应对挑战的能力。

### （三）有利于降低人力资源成本

在组织的整体运营成本中，人力资源成本占据了很大的比例，而员工薪酬是人力资源成本中的最大支出。组织需要根据员工的工作性质、能力、经验等因素来设定薪酬水平，以吸引和留住优秀的人才。然而，如果组织的员工分布不合理(如某些岗位的员工过多或过少)，就会导致薪酬总额的浪费甚至影响组织的整体运营效率。

通过人力资源规划，组织可以预测未来的人力资源需求，根据组织的战略目标和市场变化来制订相应的人员配置计划。如果预测未来某个岗位的员工数量会不足，组织就可以提前进行招聘和培训，以填补人员空缺；如果某个岗位的员工数量过多，组织就可以进行内部调整或者采取其他措施来控制人员成本。通过合理的人力资源规划，组织不仅能够降低不必要的成本支出、提高组织的经济效益和竞争力，还能够更好地满足市场需求和实现组织的战略目标。因此，人力资源规划是组织长期发展的关键所在。

### （四）调动员工的积极性

人力资源规划不仅是为了组织的发展而制订的详细计划，更是为了帮助员工了解自身在组织内部的定位和职业发展路径。这种规划为员工展示了组织内部的各种发展机会，使员工能够更加明确自己的职业目标和需求满足程度。当员工了解到自己的个人目标与组织的目标相符，并且通过努力可以实现自己的目标时，他们将会更加积极地追求这些目标，并表现出更高的工作热情和创造性。这种积极的工作态度和创造性将有助于提高员工的工作满意度和忠诚度，进一步推动组织的持续发展。因此，人力资源规划不仅是面向组织的计划，还是面向员工的计划。

### （五）有助于提高人力资源利用效率

通过人力资源计划的预测和控制，组织可以及时调整人员结构和职务结构，避免出现人力资源浪费的现象。在市场竞争日益激烈的今天，组织需要更加注重人力资源的利用效率，以实现其战略目标。通过人力资源规划的预测和控制，组织可以更好地掌握未来的人力资源需求，以制订相应的人员配置计划，避免人员过多或过少的情况出现。

此外，人力资源规划还可以帮助组织更好地了解员工的能力和潜力，为员工的职业发展提供指导和支持。通过制订明确的职业发展计划和培训计划，组织可以激发员工的工作热情和创造性、提高员工的工作满意度和忠诚度，从而降低员工流失率。总之，通过人力资源规划的预测和控制，组织可以更好地掌握未来的人力资源需求，调整人员结构和职务结构，避免出现人力资源浪费的情况。这有助于提高人力资源的利用效率，降低不必要的成本支出，提高组织的经济效益和竞争力，最终实现组织的战略目标。

## 三、人力资源规划的原则

人力资源规划的原则是指导人力资源规划工作的基本准则，可以帮助组织更好地进行人力资源决策和管理，以适应变化的需求和环境。实施有效的人力资源规划可以提高组织的竞争力和员工的工作满意度。人力资源规划有以下几个基本原则。

### （一）目标性原则

人力资源规划应该与组织的战略目标和业务需求紧密结合。人力资源规划应明确目标性原则，以确保人力资源的配置和发展与组织战略一致，从而促进组织长期发展。

### （二）动态性原则

人力资源规划是一个持续的过程，需要与组织的环境和变化相适应。人力资源规划需要根据外部环境、市场需求、技术和制度变化等因素进行动态调整和更新，以保持其有效性和可持续性。

### （三）发展性原则

人力资源规划应注重人力资源的发展和培养、考虑员工的职业发展和成长需求，为其提供培训、晋升和激励机制，以提高员工的绩效和满意度，从而实现组织和员工的共同发展。

### （四）系统性原则

在人力资源规划中，要考虑不同人才之间的互补性，以实现组织的系统功能和协同效应。在进行人力资源规划时，要综合考虑人员情况，确保人才的合理配置，从而使人力资源规划更加全面和系统，进而提高组织的整体绩效和竞争力。

例如，人力资源规划需要考虑不同人才所拥有的知识和专业领域，以确保组织在各个领域都有足够的专业能力和知识支持。又如，人力资源规划需要考虑员工的性格特点和个性特征。不同的人员性格特点可以产生互补效应，使团队更加多元化、协作性更强。例如，有些员工分析思维和决策能力强，有些员工则更擅长社交和沟通，他们的互补可以提高团队的综合能力。

## 四、人力资源规划的程序

### （一）明确组织战略与目标

人力资源规划的首要步骤是明确组织的战略和目标。组织战略是组织未来发展的方向和目标，它规定了组织在一定时期内要达到的经济、社会和环境目标。人力资源规划则是组织战略的重要组成部分，它需要为组织战略的实现提供有力的人力资源支持。因此，在明确组织战略和目标的基础上，人力资源规划需要分析现有的人力资源状况，包括员工的数量、质量、结构、分布以及员工的工作满意度、绩效情况等方面，找出存在的问题和差距，为后续的人力资源规划提供依据。

### （二）分析人力资源现状

人力资源现状分析是人力资源规划的重要前提。组织需要对现有员工的数量、质量、结构、绩效等方面进行全面的了解和分析。同时，组织还需要了解员工的工作满意度、职业发展期望等信息，以明确员工的需求和期望，为后续的人力资源规划提供参考。在分析人力资源现状时，可以采用定性和定量相结合的方法（如问卷调查、个案访谈、数据分析等方法），以获取全面、准确的信息。

### （三）预测人力资源需求

根据组织的战略目标和现有员工状况，对未来一段时间内的人力资源需求进行预测是人力资源规划的核心任务。这种预测不仅需要考虑到人员数量、学历要求、技能需求、工作经验需求等多个方面，还需要对组织内部和外部环境进行全面的分析。在进行人力资源需求预测时，组织需要采用科学的方法和技术，如趋势分析、回归分析、德尔菲法等。这些方法和技术可以帮助组织对历史数据进行分析，从而预测未来的人力资源需求。此外，组织还需要结合实际情况进行灵活的调整，以应对市场的变化和组织战略的调整。预测的准确性直接影响到人力资源规划的有效性。如果预测结果不准确，组织可能会出现人员过剩或人员不足的情况，导致人力资源的浪费或影响组织的正常运营。因此，组织需要高度重视人力资源需求预测的准确性，为未来的发展提供可靠的人力资源支持。

### （四）制定人力资源策略

基于组织战略目标和人力资源需求预测，组织需要制定相应的人力资源策略。这些策略包括招聘策略、培训与发展策略、绩效管理策略、薪酬福利策略等多个方面。这些策略的目的都是为了吸引和留住高素质的人才，以支持组织的持续发展。在制定人力资源策略时，需要考虑组织的实际情况和员工的需求，以确保策略的可行性和有效性。同时，还需要对策略的实施效果进行评估和调整，以适应组织的发展变化。

### （五）制订实施计划与措施

根据人力资源策略，组织需要进一步制订实施计划与措施，包括招聘计划的制订与实施、培训计划的制订与实施、绩效管理计划的制订与实施等。在制订这些计划时，组织需要明确具体的实施步骤和时间节点，同时还需要制订相应的考核标准和评估指标，以确保计划的顺利实施和有效评估。此外，还需要对计划的实施过程进行监控和调整，及时发现问题并采取相应的措施进行改进。

### （六）监督与评估

在人力资源规划的实施过程中，需要进行有效的监督与评估，包括对招聘计划、培训计划、绩效管理计划等实施情况的监督与评估，以及对员工满意度、绩效改善等方面的监测。通过定期的监督与评估，组织可以及时发现问题并采取相应的措施进行改进，以确保人力资源规划的有效性和实施效果。在监督与评估过程中，可以采用多种方法和技术以获取全面准确的信息，从而为后续的调整和优化提供依据。

### （七）调整与优化

在监督与评估过程中，如果发现原有的规划存在不合理或者不适应的情况，就需要进行及时的调整与优化，包括对招聘策略的调整、培训计划的修订、绩效管理方案的改进等多个方面。通过不断地调整与优化，组织的人力资源规划将更加符合组织的实际需求，从而促进组织的持续发展。在调整与优化过程中，需要综合考虑组织的内外部环境变化员工的需求，以及实施过程中存在的问题和困难等因素，同时还需要对调整和优化的结果进行评估和反馈，以确定是否需要进一步调整和完善，从而确保人力资源规划的有效性和可行性。

## 五、基于战略的人力资源规划流程

### （一）明确组织愿景和战略规划

人力资源战略规划主体只有在充分了解和认识组织的愿景、目标和战略规划后，才能确保他们所制订的人力资源规划方案与组织的整体战略相协调。这种协调是至关重要的，因为它能够确保人力资源活动与组织活动保持一致，从而避免人力资源浪费或与组织目标背道而驰的情况发生。为了实现这种协调，人力资源规划主体需要深入理解组织的战略目标、市场定位、竞争策略以及未来的发展方向。他们需要将人力资源策略与组织的整体战略相结合，确保人力资源活动能够支持并推动组织的愿景和目标的实现。通过与组织高层管理团队密切合作，人力资源规划主体可以共同制订出符合组织战略的人力资源规划方案。这样的方案不仅能够满足组织当前的需求，还能够为组织的未来发展提供有力的人力资源保障，从而推动组织实现其愿景和目标。

### （二）确定组织目标

除了充分认识组织愿景、目标和战略规划，人力资源规划主体还需要深入理解组织目标对人力资源活动的影响。这意味着他们需要将组织的战略目标与人力资源活动相互关联，认识到组织目标如何影响人力资源需求、人员配置、培训和发展等方面的决策。基于这种理解，人力资源规划主体可以更有针对性地开展相应的人力资源规划活动、制订相应的人力资源规划方案。这些方案需要与组织的战略规划相协调，以确保人力资源活动能够支持并推动组织的战略实施。例如，当组织的目标是扩大市场份额时，人力资源规划主体可能需要招聘更多的销售和市场营销人员，同时提供相关的培训和发展计划，以支持这些部门的发展。通过这种方式，人力资源规划主体可以更有针对性地开展工作，以满足组织的战略需求，同时促成组织愿景和目标的实现。这将有助于组织在不断变化的市场环境中保持竞争优势，实现可持续发展。

### （三）制作人力资源需求清单

人力资源规划的两大核心任务之一，就是准确预测未来的人力资源需求。为了编制出全面、准确的未来人力资源需求清单，人力资源规划主体需要运用科学的方法和策略。在预测过程中，人力资源规划主体应系统地、动态地考虑各种因素，包括职位的变动、组织的发展和市场的变化等。对于职位变动，人力资源规划主体需要关注组织内部的岗位调整和扩张计划。新的项目或产品线可能会导致新的岗位需求，而组织结构的调整可能会导致某些岗位的增减或合并。组织的发展也是人力资源需求的重要驱动因素。随着组织规模的扩大和业务的多元化，人力资源需求也会相应增加。人力资源规划主体还需要关注市场的变化，包括行业竞争、人才供给和薪酬水平等，这些因素可能会影响组织的招聘策略和人力资源需求预测的准确性。

### （四）研究组织内部人力资源供给的可能性

在编制完人力资源需求清单后，人力资源规划主体需要分析组织内部人力资源供给的可能性，并编制内部人力资源供给清单。为了实现这一目标，人力资源规划主体可以采用多种方法。首先，可以建立技能清单数据库，该数据库能够详细记录组织内部员工的技能、经验和教育背景等信息，有助于规划主体了解员工的供给情况。其次，可以利用职位置换图，该图能够显示员工在不同职位之间的流动情况，有助于规划主体分析员工的职业发展路径和潜力。最后，可以制订人力持续计划，该计划旨在通过培训、晋升和招聘等方式，确保组织内部人力资源的持续供给。通过这些方法，人力资源规划主体可以更准确地了解组织内部人力资源的供给情况，从而制订出更加有效的人力资源规划方案。这将有助于组织在不断变化的市场环境中保持竞争优势，实现可持续发展。

### （五）研究组织外部人力资源供给的可能性

当组织内部的人力资源供给无法满足组织未来的人力资源需求时，人力资源规划主体需要审视外部人力资源供给的可能性。这意味着，组织需要了解外部环境中存在的潜在人才，并制定相应的策略来吸引和留住这些人才。外部人力资源供给清单可以帮助组织更好地了解外部人才的供给情况，包括行业趋势、竞争对手情况、招聘渠道等。通过编制这份清单，组织可以主动利用外部条件来支持战略计划的实施，并促进组织愿景和目标的实现。因此，组织需要密切关注外部人力资源市场的变化，以便及时调整自己的招聘策略和计划，确保组织的可持续发展。

### （六）编制人力资源供给计划

在充分评估组织内部和外部人力资源供给可能性的基础上，人力资源规划主体需要制订详细的人力资源供给计划。这个计划应该平衡组织未来的人力资源需求和供给，考虑内部和外部的多种因素，不仅要考虑现有人员的情况，还要考虑员工的职业发展、培训需求、人员流失等因素。同时，还需要结合组织的战略规划，预测未来的人力资源需求，并提前做好招聘、培训、晋升等各方面的准备。在编制人力资源供给计划时，需要综合考虑多种因素，包括组织文化、员工关系、绩效管理、培训发展等。通过制订合理的计划，组织可以更好地管理人力资源，确保组织的战略计划得以顺利实施。同时，还可以根据计划执行过程中的实际情况，及时调整和优化计划，使其更加符合组织的实际需求。

### （七）制定实施细则和控制体系

制定实施细则和控制体系对于确保人力资源规划的有效实施至关重要。这些细则和体系应涵盖人力资源规划实施的全过程，包括目标设定、计划执行、监控与评估等。在实施过程中，需要明确各部门的职责和任务，制定详细的工作流程和时间表，并建立一套有效的信息反馈机制，以便及时发现问题并进行调整。同时，为了确保实施细则和控制体系的有效性，还需要确立相应的考核标准和奖惩措施。这些措施可以激励员工积极参与人力资源规划的实施，提高员工的工作积极性和满意度。此外，还需要加强对实施过程的监控与评估，及时发现问题并进行纠正，确保人力资源规划的实施能够取得良好的效果。

### （八）实施并进行跟踪控制

在建立人力资源规划的实施细则和控制体系后，组织可以着手实施人力资源规划。在实施过程中，需要实时跟踪控制，确保各项人力资源活动按照既定的战略规划进行。如果发现有偏离轨道的情况，应及时采取纠偏措施进行纠正。此外，还需要加强对人力资源规划实施过程的监控与评估，收集和分析相关信息，以便更好地了解实施情况，为组织决策提供支持。在实施人力资源规划的过程中，还需要注重员工参与和沟通。员工是组织最重要的资源之一，他们的参与和支持对于实施人力资源规划至关重要。通过与员工沟通，可以更好地了解他们的需求和期望，促进员工对人力资源规划的理解和支持。同时，还可以通过员工反馈和建议，不断完善和优化人力资源规划的实施过程。

综上所述，基于战略的人力资源规划要求人力资源规划主体在人力资源规划程序的所有环节中都应当站在战略的高度，充分审视组织自身的资源条件和组织外部环境，在组织愿景、组织目标以及战略规划的指引下制订组织未来人力资源需求清单以及相应的人力资源供给计划，从而支持战略规划的实施，促进组织愿景和组织目标的实现。

# 第二节　人力资源的招聘

## 一、招聘的内涵及意义

### （一）员工招聘的内涵

员工招聘是指组织在总体发展战略规划的指导下，根据组织内人员需求，制订相应的职位空缺计划，并决定如何寻找合适的人员来填补这些空缺的过程。员工招聘的实质是激发潜在的合格人员对组织的兴趣，并鼓励他们前来应聘。

员工招聘是组织在人力资源管理中非常重要的一项工作，它的成功与否直接关系到组织的整体运营和发展。因此，组织需要认真制订招聘计划，采取有效的招聘策略，以吸引最合适的人才来推动组织的持续发展。良好的招聘活动必须要达到 6R 的基本目标，具体如下。

（1）恰当的时间（Right time）：在适当的时间完成招聘工作，及时补充组织所需的人员，满足组织运营和发展的需求，这是对招聘活动最基本的要求。

（2）恰当的范围（Right area）：在适当的空间范围内进行招聘活动，只要能够吸引到足够数量的合格人员即可。这包括在特定地区发布招聘信息，或者通过互联网等渠道扩大招聘范围。

（3）恰当的来源（Right source）：通过适当的渠道寻找目标人员，不同的职位对人员的要求是不同的，因此要针对那些与空缺职位匹配程度较高的目标群体进行招聘。例如，对于特定的技术职位，可以在专业论坛或社交媒体上发布招聘信息。

（4）恰当的信息（Right information）：在招聘之前，要对空缺职位的工作职责内容、任职资格要求以及组织的相关情况全面而准确地做出描述，使应聘者能够充分了解有关信息，以便对自己的应聘活动做出判断，包括职位描述、薪资福利、工作地点、工作时间等信息。

（5）恰当的成本（Right cost）：以最低的成本完成招聘工作，当然这是以保证招聘质量为前提的。在同样的招聘质量下，应当选择那些花费最少的方法。这需要合理规划招聘预算，并选择高效的招聘渠道和平台。

（6）恰当的人选（Right people）：把最合适的人员吸引过来参加组织的应聘，包括数量和质量两个方面的要求。

### （二）员工招聘的意义

组织的生存和发展必须要有高质量的人力资源，招聘工作的有效实施不仅对人力资源管理本身，还对整个组织都具有非常重要的意义，这主要表现在以下几个方面。

1.吸纳优秀员工

组织的竞争归根到底是人才的竞争，人力资源正在成为组织最重要的核心竞争力，尤其是优秀的员工对于组织的重要性是不言而喻的。组织的核心竞争力源于具有高素质和优秀能力的员工。通过吸纳优秀员工，组织可以获得更多的创新力、专业能力和行业知识，从而提升自身的核心竞争力。这些优秀员工能够推动组织向前发展并在市场竞争中脱颖而出。优秀员工通常具备出色的技能和经验，可以更快速地适应工作，并且能够在高效率的工作氛围中发挥最大的潜力。他们的加入可以提高团队的工作效率和生产力，推动组织的持续发展。优秀员工往往具备较高的创造力和问题解决能力，他们能够提出新的想法、发展新的解决方案，并带来更多的商业价值。他们的加入可以激发团队的创新潜力，推动组织不断创新和进步。优秀员工具备良好的职业素养和价值观，他们对于组织文化的塑造和推动非常重要。他们的专业精神、团队合作和领导能力可以影响和激励其他员工，形成良好的工作氛围和团队协作。

通过吸纳优秀员工，组织可以获取核心竞争力、提高工作效率和生产力、塑造组织文化和价值观等方面的优势。员工招聘对于组织的成长、发展和核心竞争力的提升具有重要的战略意义。

2.减少员工离职

在招聘过程中，传递真实且客观的信息对于吸引合适的员工非常重要。组织应提供准确的工作描述、职位要求、薪酬福利待遇和组织文化等信息，确保应聘者对工作内容和组织情况有清晰的了解。这样当员工入职后，他们能够对工作有正确的期望，减少因错觉和失落感而离职的可能性。有效的员工招聘过程应该是双向的选择过程，即组织对应聘者进行评估，同时应聘者也需要评估组织是否符合自身的期望和价值观。透明和真实的招聘过程有助于建立双向的信任和共识，从而降低员工离职率。通过招聘和选择合适的员工，组织可以提升员工与组织的契合度和满意度、增强员工的归属感。合适的员工可以更好地适应组织文化、更快地融入团队，从而减少对工作的失望和离职的冲动，进一步增强组织的凝聚力。

传递真实信息、双向选择和增强组织凝聚力是有效降低员工离职率的重要因素。通过诚信和透明的招聘过程，组织可以与应聘者建立良好的关系，减少误导和不匹配导致的员工离职，提高员工对工作的满意度和忠诚度。

3. 降低招聘成本

招聘与甄选是人力资源管理的一项基本职能，招聘活动的成本构成了人力资源管理成本的重要组成部分。招聘成本可分为三个方面：一是直接成本，主要包括广告的费用、宣传资料的费用、招聘人员的工资及聘请专家的费用等。这些费用加起来一般是比较高的。二是重招成本，即因招聘不慎，重新再招聘所花的费用。三是机会成本，即因新员工尚未完全胜任工作所造成的费用。因此，招聘活动的有效进行能够大大降低人力资源管理的成本，提高人力资源管理的效率。

4. 树立组织良好的形象

招聘过程是组织展示自身形象、树立品牌形象、提升组织吸引力的重要机会，对于吸引优秀人才、提升组织声誉和持续发展至关重要。通过精心规划和执行招聘活动，组织可以有效地提升外部形象，从而获得更多的人才、资源和市场机会。

## 二、招聘的原则和程序

### （一）招聘的原则

1. 公开原则

公开原则是指将招聘方案和所要竞争的工作岗位、职数、任职条件以及程序方法等予以公布。这样可以使招聘工作公开透明，让应聘者了解招聘的详细信息，从而能够公平地参与竞争。同时，公开原则也可以防止招聘出现不正之风，如暗箱操作、徇私舞弊等。为了实现公开原则，组织可以通过官方网站、社交媒体、招聘会等多种渠道发布招聘信息，让尽可能多的人了解招聘信息。同时，组织也可以通过这些渠道收集应聘者的信息，了解他们的背景和能力，从而更好地评估他们是否符合招聘要求。

2. 平等原则

招聘应该遵循公平、公正、透明的原则，不应因性别、种族、年龄、学历等因素而歧视或排斥某些应聘者。为了实现平等原则，组织在招聘过程中应注重评估应聘者的能力和潜力，而不是过分关注他们的背景或外在条件。同时，组织也应制定明确的招聘标准和程序，避免受主观臆断和偏见的影响。此外，组织还应建立有效的监督机制，防止不正之风和不公正现象发生。

3．互补原则

一个优秀的团队不仅需要个人能力强的成员，还需要成员之间相互协作、优势互补，这样才能实现团队的整体效益。为了实现互补原则，组织在招聘过程中应注重考察应聘者的个性和特长以及他们与团队成员的匹配程度。同时，组织也应该注重团队建设，通过培训和交流活动来提高团队成员之间的默契和协作能力。此外，组织还应该建立有效的激励机制，鼓励团队成员发挥自己的优势和潜力。

4．择优原则

择优原则是指在招聘过程中要选择最优秀的员工。只有招聘最优秀的员工，才能提高组织的效率、竞争力和发展潜力。为了体现择优原则，组织应该制定科学的招聘标准和程序，多方面考察和评估应聘者的能力、潜力、性格、适应性等因素，从中选择最优秀的员工。在招聘过程中，组织可以通过简历筛选、面试、笔试、背景调查等多种方式来考察应聘者的综合素质和能力。同时，组织也可以借鉴其他企业的招聘经验和技巧，提高招聘的效率和准确性。此外，组织还应注重员工的培训和发展，为员工提供良好的职业发展平台和机会。

5．能级原则

能级原则是指将人的能力与岗位相匹配。每个人都有自己的能力特长和职业兴趣，只有将他们安排在适合自己的岗位上，才能使他们发挥出最大的价值。为了实现能级原则，组织在招聘过程中应该注重考察应聘者的能力、经验和职业兴趣，将他们安排在适合的岗位上。在招聘过程中，组织可以通过简历评估、面试、笔试等方式来考察应聘者的能力、经验和职业兴趣。同时，组织也可以通过职业测评和性格测试等方式来了解应聘者的个性特点和职业倾向性。此外，组织还可以通过实习或试用等方式来进一步了解应聘者的能力和适应性。

6．效率原则

效率原则是指在招聘过程中要考虑招聘成本和时间效率。组织的招聘成本不仅包括招聘过程中的直接费用，还包括职位空缺带来的间接损失。因此，组织在招聘过程中，应该注重控制成本和时间效率。为实现效率原则，应采取多种策略，如电子化招聘。通过网络筛选简历，优化初步面试流程，有助于组织提高效率并降低成本。此外，运用多元化的信息发布渠道，能够吸引更多优秀的应聘者，进而提升选人的质量与效率。同时，企业应借鉴行业内其他企业的先进经验和技术，以提升自身的招聘效率和准确性，避免不必要的浪费和重复劳动。

另外，企业应重视员工培训和发展，以降低员工离职率，减少职位空缺带来的损失，进而提升组织的稳定性与竞争力。

7. 全面原则

全面原则是指在招聘过程中要对应聘人员的品德、知识、能力、智力、心理、过去工作的经验和业绩进行全面考核。因为一个人能否胜任某项工作或者发展前途如何是由多方面因素决定的，特别是非智力因素起着决定性作用。为了实现全面原则，可以采取多种方法。例如，除了传统的面试、笔试、心理测试，还可以增加行为面试法、情景模拟法等更加科学的测评方法来全面评估应聘者的能力和潜力，同时对应聘者过去的工作经验和业绩进行考察，了解他们在以前的工作中的表现和能力以及发展潜力。此外，还可以建立完善的背景调查制度，对应聘者的学历背景、职业经历等进行核实，确保招到合适的人才。

总之，以上七个原则是组织在招聘过程中应该坚持的基本原则，它们可以帮助组织更好地选人用人，促进组织的稳定发展。

### （二）招聘的程序

组织招聘是一项关键的任务，它有助于确保组织拥有最合适的人才来推动业务发展。

首先，组织需要确定招聘的岗位和人数，这通常需要与各部门领导和人力资源部门进行协商和沟通。一旦确定了招聘需求，组织需要制订详细的招聘计划，包括确定招聘的时间表、预算、宣传策略和评估标准等。接下来，组织需要通过各种渠道发布招聘信息，以便让尽可能多的人知道，包括在社交媒体上宣传、在招聘网站上发布广告、参加校园招聘会、在招聘报纸上刊登广告等。在收集到应聘者的简历后，组织需要进行筛选，以确定哪些候选人符合招聘需求。筛选标准可以包括学历、经验、技能、兴趣等。筛选出的候选人将接到面试邀请，面试是进一步了解候选人的个人品质、能力、适应性和潜力的机会。评估是招聘过程中的重要环节，它有助于确定哪些候选人最适合组织的需要。评估可以包括面试、技能测试、性格测试等。一旦确定了录用人选，组织需要向他们发出录用邀请。新员工入职后，组织将为他们提供入职培训，以帮助他们了解组织的历史、文化、规章制度和工作职责等。这有助于新员工更快地适应工作环境并融入组织。总之，组织招聘需要经过严谨和细致的计划和执行，以确保招聘到最合适的人才来推动组织的业务发展。

## 三、员工招聘的渠道与方法

### （一）内部招聘的渠道与方法

1. 内部招聘的渠道

在进行内部招聘时，理论上有临时员工转正、晋升、上级人员降职填补空缺、工作调换或轮岗四种，但在实践中很少使用上级人员降职填补空缺这种方式，因此常见的内部招聘来源主要有以下三种。

临时员工转正：将原本担任临时职位的员工转为正式职位，填补空缺职位。这种方式可以利用已经熟悉组织文化和业务的临时员工，减少培训成本和适应期。但是需要注意的是，转正前需要对临时员工进行充分评估，以确保其适合并胜任正式职位。

晋升：从下级职位中选拔合适的员工来填补上级职位空缺，通过晋升的方式提升员工的职位和职责。这种方式可以激励员工的积极性和发展潜力，同时也能够保持组织内部的稳定性。

工作调换或轮岗：在同级职位之间进行调动，将适合的员工调到空缺职位上工作。这种方式可以促进员工的多样化发展，增加他们的工作兴趣和技能多样性。然而，需要注意的是，过于频繁的调动可能会影响员工在某一职位上的专业性，可能会降低其工作的效率。

2. 内部招聘的方法

内部招聘的方法主要有档案记录法和工作公告法两种。

（1）档案记录法。档案记录法是指组织通过内部员工的绩效评估、培训记录、工作表现等档案资料来评估和选拔适合的候选人。在这种方法中，组织会以内部员工的绩效和能力为依据，进行内部选拔，从而填补职位空缺。

（2）工作公告法。工作公告法是指在组织内部，通过内部通知、邮件、公告栏或公司内网站等途径发布职位空缺信息，让内部员工自愿申请。这种方法能够提供平等的机会，让所有符合条件和有意愿的员工都有机会了解和竞争内部职位。

### （二）外部招聘的渠道与方法

1. 外部招聘的渠道

相比内部招聘，外部招聘的渠道更加广泛，不仅包括组织外部的各个层面，还涵盖了各种不同的方式。

（1）学校。学校是组织获取新鲜血液的重要来源。通过与高校建立合作关系，组织可以招聘到不同层次的员工。这些年轻人虽然没有工作经验，但他们通常具备较高的素质和潜力，并且更容易接受组织的文化和管理理念。因此，与学校合作是一种既经济又可靠的招聘方式。

（2）其他组织。当组织需要招聘具有特定技能或经验的员工时，从其他组织中寻找是明智的选择。这可以通过直接联系相关人员或查询行业内的专业协会、招聘网站等渠道实现。此外，组织还可以通过参与行业会议、展览等活动来扩大自己的影响力，吸引其他组织中的人才主动前来应聘。

（3）失业者。失业者是组织外部招聘的另一个重要来源。他们通常对工作机会更加珍惜，工作态度积极，对组织的归属感较强。同时，失业者可能拥有更加丰富的经验和技能，可以为组织带来更多的价值。因此，组织可以通过专门的招聘网站、人才市场或职业介绍机构等途径来招聘失业者。

（4）老年群体。老年群体包括退休员工等经验丰富的劳动者。他们可能年龄较大，但拥有丰富的工作经验和专业知识。组织可以通过退休返聘、兼职等方式从老年群体中招聘所需人才。此外，一些退休人员可能希望继续发挥余热，为组织做出贡献。因此，组织可以通过设立志愿者岗位或咨询专家等途径来吸引老年群体的参与。

（5）军人。军人在服役期间接受了严格的训练和考验，具备较高的素质和可靠性。他们通常具备优秀的团队合作能力、纪律性和执行力等特点。因此，退役军人成为组织招聘的重要来源之一。组织可以通过与军事部门建立合作关系、参与退役军人招聘活动等方式来吸引和招聘军人。

2. 外部招聘的方法

（1）招聘广告。在实施组织招聘时，需要把招聘信息以合适、合理的方式发布出去，以招聘广告的形式展现在可能的应聘者面前。这就如同市场营销中的营销广告一样，它直接决定了有多少人会来应聘。因此，在招聘与甄选工作中一定要重视招聘广告的制作和投放。为了更有效地招聘到所需的人才，组织需要将招聘信息以经济上最合理、时间上最快速的方式传递给目标群体，并吸引他们采取最强烈的求职行动。广告的有效程度取决于两个方面：一是广告要考虑媒体的选择；二是广告要传递到目标群体，并激发他们强烈的求职行为。

（2）借助职业机构。除了发布招聘广告，组织还可以借助职业介绍机构来招聘人才。我国的劳动力市场上出现了很多职业介绍机构，既有官方开办的，也有一些私营的职业介绍机构。这些机构为用人单位与求职者之间搭建了一个很好的桥梁，为用人单位推荐求职者，为求职者推荐工作。这些职业介绍机构还会定期举办一些人才交流会和招聘会，为组织招聘人才提供了很好的平台。

（3）校园招聘。校园招聘是另一种特殊的外部招聘途径。校园招聘是指企业或组织在高校校园内举办招聘会或进行招聘活动，这种招聘方式面向大学生群体，旨在寻找应届毕业生或即将毕业的学生来填补组织的人才需求。这些毕业生是职场新鲜人，可塑性极强，更容易接受组织的文化和管理理念。因此，校园招聘成为组织重要的招聘渠道之一。

（4）推荐招聘。推荐招聘也是外部招聘的一种重要方法。组织通过合作伙伴、客户、现有员工等外部人士的推荐，寻找适合的候选人填补职位空缺。相较于其他外部招聘方法，推荐招聘的成本较低。推荐者通常对被推荐的候选人有一定了解，并对其能力和适应性有一定认可。这种信任和了解可以减少招聘过程中的不确定性和风险。被推荐的候选人通常通过现有员工或其他相关人士的推荐加入组织，对组织有一定的了解和认同。因此，他们相较于从其他招聘渠道找来的员工，有更低的离职率。然而，推荐招聘也存在一些潜在的问题和挑战，如可能形成非正式小团体等问题，也有可能范围有限，无法满足大规模招聘的需求。因此，推荐招聘在外部招聘中是一种有利有弊的方法，组织在应用时需要权衡利弊，并在规范和控制下进行推荐和甄选，以确保公平性和有效性。

（5）网络招聘。网络招聘是指通过互联网和在线平台来进行招聘的方式。它是随着互联网的发展而兴起的一种现代化招聘方式，它利用网络技术和在线资源，将招聘信息和求职者进行匹配，并进行招聘。网络招聘不仅可以降低组织的招聘成本和毕业生的求职成本，还可以大大减少中间环节，提高招聘效率。同时，网络招聘也具有无地域限制的远程服务功能，为组织和毕业生提供了更广泛的交流平台。因此，网络招聘逐渐成为组织招聘人才的首选渠道之一。

## 四、人员的甄选

### （一）人员甄选的内容

人员甄选是组织招聘过程中至关重要的环节，包括评价应聘者的知识和能力、个性特点，以及预测应聘者在组织中的未来绩效。

评价应聘者的知识和能力：包括对应聘者的学历、专业知识、工作经验、技能等进行评估。可以通过简历筛选、面试、技能测试等方式来考察应聘者与职位要求之间的匹配程度。

评价应聘者的个性特点：除了能力，个性特点对于工作表现和团队合作也非常重要。组织可以通过面试、心理测试等方式了解应聘者的性格、价值观、抗压能力、沟通能力等，判断其是否符合组织文化和岗位要求。

预测应聘者的未来绩效：除了当前的知识、能力和个性评估，人员甄选也需要考虑应聘者在未来工作中的表现。这可以通过背景调查、参考人员核查以及过去的工作表现来预测。了解应聘者过去的成就、目标设定、团队合作等情况可以推测其在未来的工作中可能的绩效表现。

### （二）人员甄选的意义

相较于招聘工作，人员甄选对组织和人力资源管理的影响更为直接，因此人员甄选对于组织的正常运转至关重要。如果甄选效果不佳，未能录用合适的人选，那么招聘工作将失去实际意义，造成资源的浪费；如果甄选的人员不符合职位要求，将难以完成职责，进而影响组织的运营。此外，人员甄选还会对人力资源管理的其他职能以及组织的开支产生影响。因此，必须高度重视人员甄选工作，确保录用的人员能够胜任职位，为组织的正常运转和发展提供有力支持。

### （三）人员甄选的方法

甄选是指通过各种直接或间接的方法和手段来测量求职者是否具备工作所需的某种能力并推测其未来的工作绩效。人员甄选方法既有笔试、心理测试等简便的团体测试，又有结构化面试及情景模拟等复杂测评，可根据不同需求加以选择。

1．面试法

面试是最常见和重要的人员甄选方法之一。通过与应聘者的面对面交流，组织可以评估其知识、技能、经验、个性以及适应能力等方面的表现。面试可以采用不同形式，包括结构化面试、非结构化面试、行为面试等。组织可以通过提问、情景模拟、案例分析等方式，考察应聘者在工作场景下的应对能力，并了解其与组织文化和团队协作的匹配度。

2．测试法

人员甄选的测试法有很多，这里只介绍几种最具有代表性的测试法。

（1）知识测试。知识测试是通过纸笔测验的形式对被试者的知识广度、知识深度和知识结构进行了解的一种方法。它可进行团体测试，效率较高。但是笔试最薄弱的环节是命题技术，主要表现为命题的随意性，试题质量不高。因此，笔试一定要有命题计划。对于不同的职位，知识测试的内容也不一样，如录用会计人员，就要测试与会计有关的知识；录用人力资源管理人员，就要测试人力资源管理知识。测试的设计是一项难度很大的工作，绝不是随便出几道题就可以达到甄选应聘人员的目的，要考虑到其全面性、多样性、层次性和有效性。

（2）能力测试。能力测试可以采用不同的形式，如笔试、实践操作、模拟任务等，具体测试方式根据岗位需求和评估目标而定。通过能力测试，招聘人员可以客观地评估应聘者的能力水平，预测其在工作中的表现，并更准确地选择最符合岗位要求的候选人。

能力测试可以帮助评估应聘者具备哪些能力。通过测试，招聘人员可以了解应聘者的认知能力、技能和其他与工作相关的能力等。这个诊断功能可以帮助招聘人员更好地了解应聘者的潜在能力和强项，与岗位需求进行匹配。能力测试还可以用来预测应聘者的工作表现。通过与岗位要求的匹配程度以及历史数据的分析，组织可以推断应聘者在未来工作中表现出的能力。例如，技术能力测试可以预测应聘者在相关技术岗位上的绩效表现，领导能力测试可以预测应聘者在管理岗位上的效果等。

（3）工作样本测试。工作样本测试是一种非常直接的人员甄选方法，其核心在于通过要求应聘者完成实际工作任务来评估其在该职位上的绩效和表现。工作样本测试直接将应聘者置于实际工作环境中，让其完成类似于实际工作任务的试题或情境。这种方法更加贴近真实工作情况，能够直接衡量应聘者在实际岗位上的表现和能力。工作样本测试具有较高的预测效度，能够客观地评估应聘者在实际工作中的表现。由于测试是基于实际工作任务的，所以其结果更加真实可信，可以更准确地评估应聘者的实际能力。

（4）评价中心测试法。评价中心测试法是一种通过情景模拟来评估应聘者能力和素质的方法，其核心在于将被试者置于模拟的工作环境中，通过模拟工作场景和角色扮演等方式，来考察其在实际工作中可能遇到的情况下的应对能力。

评价中心测试法通过模拟工作场景和角色扮演等方式，考察被试者在真实工作情境下的行为反应和应对能力，更贴近实际工作环境，能够更准确地评估被试者的应对能力。通过设置多个不同情境和任务，评价中心测试能够综合评估被试者的认知能力、情绪控制、决策能力、社交技巧等多方面素质，提供更全面的评估结果。评价中心测试法作为一种全面、真实的评估方法，能够使组织更全面地了解被试者在实际工作中的表现，但也需要注意实施成本和评价标准的制定。该方法一般是由专家来指导进行，成本较高，在高级管理人才选拔中使用较多。

### （四）人员甄选的过程

人员甄选是一个复杂而又细致的过程，旨在从大量求职者中挑选出最符合组织需求的优秀人才。这个过程通常分为两个阶段：初选和精选。初选阶段主要由人力资源部门负责，主要对求职者的背景和资格进行审查，并初步筛选出合格的求职者。在初步面试阶段，人力资源部门会进一步了解求职者的个人素质、沟通能力和工作经历等，剔除明显不合格者。在精选阶段，组织会采取更为深入的测试和评估手段，包括心理测验、能力测试和第二次面试等环节。这些测试和评估旨在深入了解求职者的个性、能力、工作风格和潜力等方面，以便判断其是否适合所招聘的职位。

在初选和精选的过程中，组织还会对求职者的背景材料进行收集和核对，以确认其身份、学历、工作经历等信息是否真实可靠。同时，根据岗位需求和组织文化对求职者进行能岗匹配分析，挑选出最符合组织需求的人才。在决策和录用阶段，组织会根据招聘职位的高低，在不同的决策层进行讨论和决策。最终，经过体检等环节后，正式录用符合要求的求职者。在整个甄选过程中，组织应始终贯彻人职匹配的原则，以找到最合适的人才填充组织的岗位空缺。同时，甄选过程也需要遵循公平、公正、透明的原则，确保所有求职者都有平等的机会展示自己的能力和潜力。

## 五、人员录用的原则和过程

### （一）人员录用的原则

1. 公开原则

公开原则是指组织在招聘人才时必须面向社会公开进行。这意味着组织的招聘政策、原则、部门、职位、数量以及报考条件等信息需要公开透明。通过公开原则，组织可以确保招聘过程的公正性和公平性，避免不正之风，并吸引更多的优秀人才参与应聘。公开原则还可以让社会各界了解组织的招聘标准和结果，从而增强公众对组织的信任和支持。

2. 平等原则

平等原则是指在招聘过程中，组织给予所有符合招聘条件的人员平等的机会。这意味着，无论应聘者的性别、年龄、种族、宗教信仰、身体条件等因素如何，他们都应该拥有平等的权利和机会参加招聘并被录取。通过平等原则，组织可以吸引更多的优秀人才，并确保招聘过程的公正性和平等性。

3．竞争原则

竞争原则是指在招聘过程中，组织通过设定科学、公正的考试和考核方法，使应聘者之间进行公平竞争，包括笔试、面试、体检和考核等环节。通过坚持竞争原则，组织可以选拔出最优秀的人才，并确保招聘过程的科学性和有效性。同时，竞争原则还可以促进组织与应聘者之间的互动和交流，提高组织的知名度。

4．全面原则

全面原则是指在招聘过程中，组织对候选人的知识、能力、思想、品德等方面进行全面考核，包括对应聘者的学历、工作经验、专业技能、沟通能力、领导能力、团队合作精神等方面进行评估。通过全面原则，组织可以更全面地了解候选人的综合素质和能力，确保招聘到的人才能够适应组织的发展需要并为组织带来更多的价值。

5．择优原则

择优原则是指在招聘过程中，组织应该根据应聘者的能力和业务素质来选择最优秀的人才。这需要组织在招聘过程中深入了解应聘者的背景和能力，通过评估和比较来选择最优秀的人才。通过择优原则，组织可以确保招聘到的人才都是高水平的，这有助于提高组织的整体实力和竞争力。

6．量才原则

量才原则是指在招聘过程中，组织应该根据应聘者的专长和特点来选择人才。这需要组织在招聘前对所需人才的职业要求和特点有充分的了解，然后根据应聘者的实际情况进行选择。通过量才原则，组织可以确保招聘到的人才都能够发挥自己的优势和特长，为组织的发展做出贡献。同时，量才原则还可以提高组织的效率和绩效，因为只有找到最合适的人才并将其放在最适合的岗位上，才能充分发挥其作用并提高组织的绩效水平。

### （二）人员录用的过程

1．试用合同

员工进入组织前，要与组织签订试用合同。员工试用合同是对员工与组织双方的约束与保障。试用合同应包括以下主要内容：试用的职位、试用的期限、员工在试用期的报酬与福利、员工在试用期的工作绩效目标与应承担的义务和责任、员工在试用期应接受的培训、员工在试用期应享受的权利、员工转正的条件、试用期组织解聘员工的条件与承担的义务和责任、员工辞职的条件与义务、员工试用期被延长的条件等。

2. 员工的安排与试用

员工进入组织后，组织要为其安排合适的职位。一般来说，员工的职位均是按照招聘要求和应聘者意愿来安排的。人员安排即人员试用的开始。试用是对员工的能力与潜力、个人品质与心理素质的进一步考核。

3. 正式录用

员工的正式录用即通常所称的转正，是指试用期满且试用合格的员工正式成为该组织的成员的过程。员工能否被正式录用的关键在于试用期的考核结果如何，组织对试用员工应坚持公平、能岗匹配的原则。

## 第三节　人力资源的培训

### 一、员工培训的含义

员工培训是指组织为了满足自身发展需要和员工个人发展需要而进行的一项重要活动。通过培训，组织可以提高员工的专业技能水平，进而提升组织的整体绩效和竞争力。同时，培训也可以帮助员工更好地适应工作环境和职业发展，提高员工的工作满意度。员工培训包括内部培训、外部培训、在线培训等多种形式，旨在使员工具备完成现有工作或将来工作所需要的能力和态度。在培训过程中，组织需要关注员工的实际需求和反馈，及时调整和优化培训计划，确保培训效果的最大化。

### 二、员工培训的作用

#### （一）人力资源开发的重要途径

员工培训是人力资源开发的重要途径之一，它对于提升员工的能力和素质、促进组织的可持续发展具有重要意义。

员工培训可以帮助员工更好地适应工作环境和职业发展。在培训过程中，员工可以学习到与工作相关的技能、知识和态度，提高自身的能力和素质，更好地适应工作环境和职业要求。同时，培训还可以帮助员工了解组织的战略目标和价值观，增强员工的归属感。员工培训可以提升组织的整体绩效和竞争力。通过培训，员工可以更好地完成现有工作或将来工作所需要的能力和任务，提高工作效率和质量。总之，员工培训可以帮助组织提升员工的能力和素质水平，提高组织的整体绩效和竞争力，促进员工的个人发展。因此，组织应该重视员工培训的作用，制订科学合理的培训计划和实施方案，确保培训效果的最大化。

### （二）满足企业发展对高素质人才的需求

员工培训能够满足组织发展对高素质人才的需求。随着市场竞争的加剧和技术的不断更新，组织需要不断引进和培养高素质的人才来支持其持续发展。员工培训是满足这种需求的重要途径之一。员工培训可以帮助组织提高员工的能力和素质。通过培训，员工可以学习到最新的技能和知识，提高自身的工作水平和职业素养，更好地适应组织的发展需求。同时，培训还可以培养员工的创新能力和团队合作精神，提高组织的核心竞争力。员工培训可以提升组织的绩效和竞争力，使高素质的员工更好地完成工作任务，提高其工作效率和质量，为组织创造更多的效益。同时，培训还可以帮助组织优化管理流程和提高生产效率、降低成本并增加市场竞争力。员工培训还可以促进组织的创新和发展。通过培训，员工可以不断更新知识和观念，掌握新技术和方法，为组织带来更多的创新和发展机会。同时，培训还可以帮助组织拓展业务领域并开发新的市场，促进企业的多元化发展。

### （三）满足员工自身发展的需要

员工培训的意义不仅在于满足组织发展对高素质人才的需求，还可以满足员工自身发展的需要。员工培训可以帮助员工实现自我价值和职业发展。通过培训，员工可以学习到新的技能和知识，提高自身的能力和素质，更好地适应职业发展的需求。同时，培训还可以为员工提供职业晋升和发展机会，让员工有更好的职业前景和更强的职业竞争力。通过培训，员工可以更好地了解组织的战略目标和价值观，增强对组织的认同感和归属感。同时，培训还可以帮助员工克服工作困难和挑战，提高工作效率和质量，增强员工的自信心和成就感。此外，员工培训还可以促进员工的个人成长和发展。在培训过程中，员工可以不断学习和成长，提高自身的职业素养和能力水平。同时，培训还可以帮助员工规划自己的职业发展路径，为员工个人的职业目标提供支持和帮助。

## 三、员工培训的方法

### （一）在职培训法

在职培训法有一对一培训法、教练法和工作轮换法。

1．一对一培训法

一对一培训法是一种常用的培训方法，在这种培训方法中，培训者和被培训者一对一结对，单独传授，也就是传统的师徒制。培训过程包括培训者描述、培训者演示和被培训者在培训者的监督下练习三个环节。当然，在此种培训方法中还可以补充各种文字材料、录像带和其他资料。

一对一培训法有着显著的优点。首先，花费的成本低，在培训过程中，学员边干边学即“干中学”，不需要额外添置昂贵的培训设备。其次，培训与学员工作直接相关。因为学员在培训中使用的设备或所处的环境一般与以后的工作非常相似，甚至是相同的。再次，培训者能立即得到培训效果的反馈。最后，这种培训方法比较灵活，培训者可根据情况变化随时调整培训内容和方式。

一对一培训法也有三个方面的不足：第一，在部分组织中，一对一培训并没有详细、系统地设计，而是较为随意地进行。换句话说，部分组织运用此法开展培训工作较为草率。第二，运用一对一培训法进行培训时，培训内容常常是一些简单、常规、机械式的操作。例如，简单的机械操作、档案管理和简单的清洁工作常用一对一培训法进行员工培训。第三，组织中可能找不出合适的培训者。如果组织内没有精通相关内容的人，就不能用一对一培训法开展培训工作。

2．教练法

随着人们对体育运动越来越青睐，教练技术逐渐受到人们的关注。一些具有远见卓识的组织管理者已经将运动场上的教练方式运用到组织培训上来，并形成了一种崭新的教练培训方式。在这种培训方式中，培训对象的教练需要做到三点：一是指导培训对象制定策略，引导培训对象思考为什么要做、如何做；二是指出培训对象没有想到的状况等；三是持续地引导与客观意见的反馈。

3．工作轮换法

工作轮换法亦称轮岗，是指根据工作要求将员工安排在不同的工作部门工作一段时间，通常时间为一年，以丰富新员工的工作经验。早期的工作轮换法主要是以培养企业主的继承人为目的，而不是在较大范围内推行的一种培训方法。对于组织而言，工作轮换法可以作为一项重要的培训和发展工具。它可以帮助员工了解和掌握不同的工作任务和职责，进而提高他们的技能和知识水平。此外，工作轮换法还可以促进员工之间的沟通和协作，增强组织的凝聚力和向心力。对于那些有管理潜质的员工，工作轮换法可以帮助他们了解组织内部的运营和战略，从而为将来的管理工作做好准备。当然，工作轮换法也可能带来一些挑战和负面影响。如果组织过于依赖工作轮换法来培训员工，可能会导致员工的短期工作表现不稳定，因为他们可能缺乏对工作的深入了解。此外，不断进行工作轮换可能会给员工带来压力和不确定性，从而影响他们的工作满意度和忠诚度。

工作轮换法是一种有潜力的培训和发展工具，但组织需要根据自身的实际情况来决定是否采用以及如何实施工作轮换计划。他们需要考虑员工的需求和期望，制订合理的培训计划，并确保工作轮换不会对组织的运营和员工的工作效率产生负面影响。通过合理运用工作轮换法以及其他培训和发展方法，组织可以培养出具备高素质、有管理能力的员工，为组织的长期发展奠定坚实的基础。

### （二）脱产培训法

1．讲授法

讲授法是由培训者向众多员工讲解培训内容的方法，培训者一般是该方面的专家。在培训过程中，培训者会鼓励员工参与讨论或提问，但大多数情况下是单向交流，没有实践时间。该方法是最为传统的脱产培训方法之一。

这种培训法的优点是，能有效提供相关的基本信息，适用于各种内容的培训，有高超讲授技巧的培训师能提供优秀的培训。当然，讲授法也有不少缺点：培训效果受培训者表达能力的影响较大，较少考虑被培训者的理解能力，费用昂贵——培训师每小时的收费标准在几百至几千美元之间，用于某些实践性强的领域（如人际交往）收效甚微。

2．角色扮演法

角色扮演法需要预先设置某一情景，指派一定的角色，但没有详细的脚本。培训者向扮演者讲清所处的情景、角色特点与制约条件，且扮演者（或被培训者）理解后即可进行，扮演者可自发地进行即兴表演，如交往，对话、主动采取行动或被动做出反应，令剧情合理地进行下去，直至培训者发出信号终止。表演虽是自发的，但却是按各自对所演角色的理解进行的，并不是任意发挥。

角色扮演法要求学员更主动更认真地参与活动。同时，为学员提供了观察人们真实言行和行为方式的机会，而不仅停留在理论分析上。角色扮演法尤其能使学员了解和体验别人的处境以及考虑问题的方式，学会从对方的角度想问题，并能看出自己或别人为人处世的特点。

3．案例分析法

案例分析法在组织的员工培训中扮演着重要的角色。它是一种以实际案例为基础的教学方法，通过分析和讨论案例，帮助员工更好地理解和掌握知识和技能。

在员工培训中，案例分析法可以帮助员工更好地理解理论知识和实践技能之间的联系。通过分析具体的案例，员工可以更好地理解理论知识的实际应用，并从中学习到如何在实际工作中运用这些知识。案例分析法还可以帮助员工提高分析问题和解决问题的能力。在分析和讨论案例的过程中，员工需要运用已有的知识和技能来解决问题，同时也需要学习和掌握新的知识和技能。这样可以帮助员工更好地适应工作环境和职业发展的需求。在应用案例分析法时，需要选择适合的案例来进行教学。案例应与员工的工作实际相关，并且具有一定的代表性和典型性。通过分析和讨论这些案例，员工可以更好地了解工作中可能遇到的问题和挑战，并学习如何应对和解决这些问题。因此，案例分析法在组织的员工培训中具有重要的作用。它不仅可以提高员工的知识和技能水平，还可以帮助员工更好地适应工作环境和职业发展的需求。通过应用案例分析法，组织可以培养出更具有竞争力的人才，并推动组织的持续发展。

4. 影视培训法

影视培训法是一种利用影视资料进行员工培训的方法。在员工培训中，可以通过播放与工作相关的电影、电视剧和纪录片等影视作品，帮助员工更好地理解和掌握工作内容和技能。影视培训法具有生动形象、易于理解和记忆的特点。通过观看影视作品，员工可以更加直观地了解工作的流程、场景和技能要求，并且可以通过演员的表演和剧情的推进，更好地理解工作中可能遇到的问题和挑战。此外，影视培训法还可以提高员工的综合素质。观看影视作品可以帮助员工拓宽视野、增长知识、提高观察力和判断力，同时也能够激发员工的情感和想象力，提高他们的创造力和创新能力。在组织中应用影视培训法时，需要选择适合的影视作品来进行培训。作品应该与员工的工作实际相关，并且具有一定的代表性和典型性。通过观看这些作品，员工可以更好地了解工作中可能遇到的问题和挑战，并学习到如何应对和解决这些问题。

5. 虚拟培训法

虚拟培训法是一种利用虚拟现实技术进行员工培训的方法。在员工培训中，虚拟培训法可以通过创建虚拟的工作场景和模拟工作任务，帮助员工更好地理解和掌握工作内容和技能。

虚拟培训法具有安全、便捷和高效的特点。通过虚拟现实技术，组织可以模拟真实的工作场景和任务，让员工在模拟的工作环境中进行操作和训练，避免因实际操作产生风险和成本。同时，虚拟培训法还可以通过模拟不同的工作场景和任务，帮助员工提高灵活性和适应性，更好地应对工作中的变化和挑战。此外，虚拟培训法还可以提高员工的学习效果和效率。虚拟现实技术可以提供直观、立体的学习体验，让员工更加深入地理解和掌握工作内容和技能。同时，虚拟培训法还可以通过互动和模拟操作，激发员工的学习兴趣和动力，提高他们的参与度和主动性。在组织中应用虚拟培训法时，需要选择适合的虚拟现实技术来进行培训。组织可以根据实际需求选择不同类型的虚拟现实技术，如桌面式虚拟现实、沉浸式虚拟现实和增强式虚拟现实等。通过创建虚拟的工作场景和模拟工作任务，组织可以为员工提供更加真实、生动的学习体验，帮助员工更好地适应工作环境和职业发展的需求。

6. 远程培训法

远程培训法是一种利用远程教育技术进行员工培训的方法。在员工培训中，远程培训法可以通过网络平台和远程教育技术，将培训内容传递给员工，实现远程的教学和培训。

远程培训法具有灵活性和高效性的特点。通过远程教育技术，组织可以随时随地开展培训，不受时间和地点的限制。员工可以根据自己的时间和需求，自主选择学习的时间和地点，更加灵活自由。同时，远程培训法还可以实现资源的共享和优化，提高培训的效率和质量。此外，远程培训法还可以降低组织的培训成本。通过远程教育技术，组织可以减少培训所需的场地、人员和物资等成本，实现更加经济、高效的培训。同时，远程培训法还可以扩大培训的范围，为更多的员工提供培训机会，提高组织的整体素质和竞争力。

组织在应用远程培训法时，需要选择适合的远程教育技术来进行培训。组织可以选择不同的远程教育技术，如在线课程、视频会议、网络直播等。通过建立网络平台和教学资源库，组织可以提供更加丰富、多样化的学习资源和服务，满足员工的不同需求。同时，组织还需要建立完善的培训管理制度和评估机制，确保远程培训的质量和效果。

## 四、员工入职培训

### （一）员工入职培训的内容

1. 知识的培训

随着现代社会知识和技术的不断更新，组织需要保持其竞争优势，员工也需要不断更新自己的知识结构以适应组织的需要。知识的培训不仅包括员工完成本职工作所需的业务知识，还包括对组织运营基本情况的了解，如组织的经营方针、经营状况、发展目标、战略及规章制度等。这样的培训有利于员工更好地了解组织、参与组织活动、融入组织文化、增强团队精神和凝聚力。

2. 技能的培训

技能的培训是员工入职培训中非常重要的一部分。员工需要掌握完成本职工作所必需的技能，包括谈判技能、操作技能、管理方法、沟通技巧以及处理人际关系的技能等。这些技能在工作中会直接影响员工的绩效表现和组织的工作效率。通过培训，员工可以学习到实用的技能，并将其应用于实际工作中，提高自己的技能水平，同时也能为组织创造更多的效益。

3. 态度的培训

员工的态度对于其工作表现和组织的绩效有着至关重要的影响。态度的培训旨在建立组织与员工之间的相互信任，提高员工的思想道德素质和职业道德素质水平。通过培训，员工可以更好地理解和接受组织的文化、价值观和发展目标，培养对组织的忠诚度和归属感。同时，他们也会更加积极主动地参与工作，充分发挥自己的能力和潜力，推动组织的发展和进步。

### （二）员工入职培训的实施

员工入职培训的实施需要经过周密的计划和精心设计。以下是对于制订培训计划和具体内容实施的建议。

1. 制订培训计划

在制订培训计划之前，要明确员工入职培训的目标和期望。培训目标可能包括让新员工了解组织文化、规章制度、工作职责、团队协作以及提高工作效率等方面。接下来，根据这些目标，可以制订一个详细的培训计划，包括培训内容、时间安排、培训方式和方法等。在制订培训计划时，需要注意以下几点。

（1）确定培训时间和周期。根据新员工的背景和岗位需求，确定合理的培训时间和周期，确保新员工有足够的时间来适应组织的环境和工作。

（2）确定培训内容和方式。根据新员工的特点和组织需求，选择适合的培训内容和方式，如面授、在线学习、实践操作等。

（3）确定培训师资和教学资源。选择具备专业知识和丰富经验的培训师资，确保培训的质量和效果。同时，要准备充足的教学资源，如教材、课件、案例等。

（4）确定评估标准和方式。制订明确的评估标准和方式，以便对培训效果进行评估和反馈。

2. 具体内容的实施

在具体内容的实施方面，可以从以下几个方面入手。

（1）介绍组织文化和规章制度。在新员工入职初期，组织应该通过多种渠道向新员工介绍组织文化和规章制度，如组织概况、发展历程、核心价值观、员工手册等。通过这些介绍，新员工可以了解组织的文化氛围和行为规范，为后续的工作奠定基础。

（2）岗位职责和技能培训。组织应根据新员工的岗位需求，对其进行具体的职责和技能培训。在培训过程中，要注重实践操作和案例分析，帮助新员工更好地理解和掌握相关技能。

（3）提供团队协作和实践项目。组织应该为新员工提供团队协作和项目实践的机会，让他们在实际工作中逐渐融入组织。通过参与项目，新员工可以更好地了解同事和团队成员，建立良好的人际关系和工作网络。

（4）建立沟通和反馈机制。在培训过程中，组织应建立有效的沟通和反馈机制，及时了解新员工的需求和困惑，调整培训的内容和方式。同时，新员工也应该主动与培训者和其他同事进行交流和讨论，及时解决问题和交流学习心得。

（5）进行评估和总结。在培训结束后，组织应该对培训效果进行评估和总结，以了解新员工的培训质量。根据评估结果，组织可以对培训计划进行调整和完善，以增强培训效果。

总之，员工入职培训是一项重要的任务，需要制订周密的计划并精心实施。培训计划的制订和具体内容的实施，可以帮助新员工更好地了解组织的环境和文化、掌握工作技能和方法、融入团队和组织，为新员工未来的职业发展打下坚实的基础。

# 第四章　人力资源发展管理

对于任意一个组织来说，其成员的发展都是至关重要的。本章为人力资源发展管理，将分别从人力资源的绩效管理、人力资源的薪酬管理、人力资源的劳动关系管理和人力资源的职业生涯管理四个方面对此进行介绍。

## 第一节　人力资源的绩效管理

### 一、绩效的含义

在人力资源管理中，绩效是指员工完成的工作任务、达成的目标以及为组织做出的其他贡献。绩效是组织管理的重要部分，它不仅关系到员工个人的职业发展，还直接影响组织的整体表现和运营效率。绩效管理是人力资源管理的核心，它通过对员工的工作表现进行评估和指导，以实现组织的战略目标。绩效管理可以帮助员工更好地理解自己的工作要求和目标，提高其工作效率和质量，同时也可以为员工提供职业发展的机会和资源。绩效的含义包括以下几个方面。

（1）工作表现：员工的绩效首先体现在他们的工作表现上。这包括完成工作任务、达成工作目标、提高工作效率和质量等方面。通过对员工工作表现进行评估，组织可以了解员工在组织中的价值和作用。

（2）组织目标：员工的绩效也与组织的目标密切相关。组织的目标是制订和实施组织的战略计划，而员工的绩效则是实现这些目标的关键因素之一。因此，员工的绩效应当与组织的目标保持一致。

（3）职业发展：绩效管理不仅是对员工现有工作的评估，还应当包括对员工职业发展的规划和指导。通过了解员工的职业兴趣和发展潜力，组织可以为他们提供更好的职业机会和发展空间。

（4）沟通和反馈：绩效管理还应当包括员工与管理者之间的沟通和反馈机制。这种机制可以帮助员工更好地了解自己的工作表现和组织目标，同时也可以为员工提供改进建议和指导。

总之，通过绩效管理，组织可以更好地了解员工的工作表现和职业发展需求，为组织的整体表现和运营效率提供保障。

## 二、绩效的性质

### （一）多维性

绩效是一个综合性的概念，它不仅涵盖了员工的工作结果，还涉及员工在工作过程中的各种表现。在评估绩效时，我们需要从多个维度进行考虑，以更全面、更准确地反映员工的工作表现。这些维度包括但不限于工作任务完成情况、工作质量、工作效率、团队合作和沟通能力等。通过从多个维度对员工的工作表现进行评估，我们可以更全面地了解员工的能力和贡献，从而更有效地调整和优化组织的人力资源配置。

### （二）动态性

员工的绩效不是固定不变的，它会随着时间的推移和环境的变化而发生变化。因此，绩效评估不能一成不变地进行，而是需要随着时间和环境的变化而动态地进行。这需要组织及时关注员工的工作表现和变化，不断调整和改进评估方法和标准，以反映员工真实的绩效水平。通过动态的绩效评估，组织可以更好地发掘员工的潜力，激发员工的工作热情和创造力，促进组织持续发展。

### （三）相关性

员工的绩效与组织的目标和战略是密切相关的。员工的绩效应当与组织的战略目标保持一致，为组织的发展做出贡献。同时，员工的绩效也受到组织环境和管理的影响。为了更好地实现组织的战略目标，组织需要不断优化管理和激励机制，以提高员工的绩效。通过建立良好的管理机制，组织可以激发员工的工作热情和创造力，推动组织持续发展。

### （四）可衡量性

绩效是可以衡量的，这使得组织可以对员工的工作表现进行定量评估。通过使用客观的衡量标准和方法，组织可以确保绩效评估的公正性和准确性。同时，这也使员工能够明确自己的工作目标，更好地理解自己的工作要求。通过将绩效转化为具体的衡量指标，组织可以更好地了解员工的工作表现和贡献，从而为员工的职业发展提供更好的指导和支持。

**（五）可改进性**

员工的绩效水平可以通过努力和培训得到改进。组织可以通过提供培训和发展机会，帮助员工提高能力和绩效水平。同时，员工也可以通过自我努力，不断提高自己的绩效水平。这使得员工有更多的机会提升自己，也使得组织能够更好地发掘员工的潜力。通过不断改进员工的绩效水平，组织可以提高员工的工作满意度，增强组织的凝聚力和竞争力。

**（六）激励性**

良好的绩效表现可以激励员工更加积极地投身于工作中，增强员工的归属感。同时，组织也可以通过奖励和激励措施，鼓励员工提高绩效水平，促进组织的整体发展。这种激励作用不仅体现在物质奖励上，还体现在员工的社会地位、职业发展等方面。通过给予优秀员工相应的奖励和晋升机会，组织可以激发员工的积极性和创造力，推动组织持续发展。

## 三、绩效管理的含义

绩效管理是指组织通过制定和实施一系列绩效管理制度和流程，对员工的工作表现、工作成果和职业发展进行评估、指导和激励的过程。绩效管理旨在提高员工的工作效率和工作质量、促进组织的战略目标的实现和整体发展。绩效管理包括多个环节，如制订绩效计划、实施绩效评估、提供绩效反馈、制定奖惩措施等。这些环节相互衔接，形成了一个完整的绩效管理循环。在制订绩效计划时，组织会根据战略目标和年度计划，制订员工的工作目标和计划，明确员工的工作职责和任务；在实施绩效评估时，组织会采用多种评估方法，对员工的工作表现和工作成果进行评估，给出客观公正的反馈；在提供绩效反馈时，组织会及时向员工反馈评估结果，指出员工工作中的优点和不足，提出改进建议和指导，帮助员工提高工作能力和绩效水平；在制定奖惩措施时，组织会根据员工的绩效表现，给予相应的奖励或惩罚，激励员工提高工作效率和工作质量。

总之，绩效管理是组织人力资源管理的重要组成部分，它可以帮助组织更好地了解员工的工作表现和工作成果，为组织战略目标的实现和整体发展提供保障。

## 四、绩效管理的作用

### （一）对组织整体的作用

1. 诊断作用

绩效管理在组织中具有诊断作用。它不仅有助于实现组织的战略目标，还能推动组织持续发展和优化。通过分析绩效数据和结果，组织可以清楚地了解各个部门或项目的实际表现，及时发现存在的问题和瓶颈。这些问题可能涉及工作效率、资源利用、团队协作等多个方面，通过找出这些问题并采取相应措施，组织可以针对性地改进和优化运营策略，提高组织的整体效率和竞争力。绩效管理还有助于组织发现内部管理和流程中存在的问题。这些问题可能会阻碍组织的顺畅运行和效率提升，通过绩效管理反馈，组织可以针对性地优化内部管理和流程，提高组织的整体运营效率和竞争力。

2. 监测作用

绩效管理在组织中具有监测作用，它可以帮助组织更好地了解自身的运营状况和存在的问题。通过绩效评估和反馈，组织可以实时监测各个部门或项目的绩效表现，及时发现和解决存在的问题。这使组织能够更好地掌握自身的运营情况，为决策提供实时数据支持。同时，绩效管理还可以帮助组织发现内部管理和流程中存在的问题和瓶颈，提出改进建议和优化方案，提高组织的整体运营效率和竞争力。总之，通过实施科学的绩效管理方法和流程，组织可以实时监测自身的运营状态和内部管理状况，为组织的决策和调整提供数据支持。

3. 导向作用

绩效管理在组织中具有导向作用，它可以帮助组织明确自身的战略目标和业务重点，引导组织内部进行资源和能力分配。通过制订绩效计划和评估标准，组织可以明确各个部门或项目的具体目标和任务，使各个部门和员工能够更好地理解组织的战略意图和目标。同时，绩效管理还可以帮助组织发现自身的优势和不足，引导组织制订相应的改进计划。通过评估绩效结果和反馈，组织可以了解自身的运营状态和市场需求，及时调整和优化管理策略，提高组织的竞争力和适应性。通过实施科学的绩效管理方法和流程，组织可以更好地明确自身的战略目标和业务重点，为组织的长期发展提供有力支持。

### （二）对员工的作用

1. 激励作用

绩效管理对员工具有激励作用。绩效管理通过明确工作目标和评估标准，为员工提供努力的方向。通过实施绩效评估和奖励机制，组织可以激励员工更好地发挥自身的能力和潜力，提高工作效率和质量。

绩效管理可以帮助员工明确自身的工作目标和计划，使员工更加清晰地了解自己的工作任务和要求。这有助于员工更好地规划工作，提高工作的针对性和效率。同时，绩效管理还可以为员工提供反馈和指导，帮助员工发现自身工作中的问题，及时调整和改进工作方法和技能。通过激励员工提高工作效率和质量，组织可以根据员工的绩效表现和成果，给予其相应的奖励。同时，绩效管理还可以为员工提供晋升机会和职业发展支持，为员工个人的职业发展提供更好的平台和机会。绩效管理对于员工具有积极的激励作用。通过科学的绩效管理方法和流程，组织可以激发员工的工作热情和潜力，提高员工的工作效率和质量，促进员工个人的发展和职业成长。

2. 规范作用

绩效管理对员工具有规范作用。绩效管理通过明确评估标准和流程，为员工提供行为规范和职业准则，帮助员工更好地理解员工行为和绩效要求。

绩效管理可以帮助员工明确自身的职责和义务，使员工更加清晰地了解自己在组织中的角色和定位。这有助于员工更好地规划工作，提高工作的主动性。同时，绩效管理还可以为员工提供行为规范和职业准则，帮助员工更好地理解组织对于员工行为和绩效的要求。组织可以根据员工的绩效表现和成果，给予其相应的奖励。这不仅可以激励员工更好地发挥自身的能力和潜力，还可以规范员工的行为和职业操守。

3. 发展作用

绩效管理对员工具有发展作用。绩效管理不仅关注员工当前的工作表现，还关注员工未来的职业发展，为员工提供必要的支持和指导，帮助员工实现自我提升和成长。

绩效管理可以帮助员工发现自身的能力和潜力。通过制定明确的评估标准和流程，组织可以了解员工的工作特点和优势，帮助员工制订具有针对性的培训和发展计划。这不仅可以提高员工的工作技能和能力，还可以促进员工的个人发展和职业成长。绩效管理对员工具有积极的发展作用。通过科学的绩效管理方法和流程，组织可以关注员工的个人发展和成长，帮助员工进行职业规划。这不仅可以提高员工的工作效率和质量，还可以促进组织持续发展。

4. 沟通作用

绩效管理对员工具有促进沟通的作用。绩效管理不仅关注员工的工作表现，还注重员工与组织之间的沟通与交流，帮助员工更好地理解组织的战略目标和业务重点，促进员工与组织之间的相互理解和合作。通过明确的绩效计划和评估标准，组织可以与员工进行充分的沟通和交流，使员工清晰地了解组织的战略意图和目标，从而更好地理解自己的工作方向和重点。绩效管理可以为员工提供与组织之间的沟通渠道和反馈机制。通过评估和反馈，组织可以了解员工的工作表现和问题，为员工提供及时的指导和支持。这不仅可以促进员工与组织之间的相互理解和合作，还可以提高员工的工作满意度。

## 五、绩效管理的原则

绩效管理是推动员工个人目标与组织目标相结合的重要手段，也是提升组织效率和评估员工工作表现的重要途径。在实施绩效管理时，应遵循以下原则。

### （一）激励与约束相结合原则

绩效管理应遵循激励与约束相结合的原则。组织需要通过激励措施来激发员工的工作热情和动力，提高员工的工作效率和质量。同时，组织也需要通过约束措施来规范员工的行为，确保组织的正常运转和员工的职业发展。

### （二）公正公平原则

绩效管理应遵循公正公平的原则。评估标准应基于员工的工作表现和能力水平，而不是基于个人偏见或主观印象；评估结果应基于客观的事实和数据，而不是主观的臆断。

### （三）及时反馈原则

绩效管理应遵循及时反馈的原则。员工需要定期了解自己的工作表现和评估结果，以便及时发现和解决问题；组织需要及时对员工的工作表现进行评估和反馈，并提供必要的支持和指导。

### （四）双向沟通原则

绩效管理应遵循双向沟通的原则。组织需要与员工进行充分的沟通和交流，确保员工充分理解并认同绩效目标；员工也需要及时向组织反馈自己的工作情况和问题，以便组织及时调整和完善绩效管理措施。

### （五）个性化评估原则

绩效管理应遵循个性化评估的原则。每个员工都有自己的工作特点和优势，评估标准应该根据员工的具体情况进行个性化设置。组织需要根据员工的实际情况和职业规划制定个性化的评估标准和措施。

### （六）与时俱进原则

绩效管理应遵循与时俱进的原则。组织需要对绩效管理过程中出现的问题和不足进行总结和反思，提出相应的改进措施和建议，不断完善和提高绩效管理的效果和质量。

## 六、绩效管理的内容

### （一）制订绩效计划

制订绩效计划是组织实施绩效管理的第一步，也是至关重要的一步。它不仅包括确定组织的战略目标和业务重点，而且还要根据这些目标和重点，明确各个部门和员工的绩效目标。这些目标应该明确、具体、可衡量、可达成、相关性强，并具有时限性。这意味着不仅要有明确的目标，还要有明确的评估标准，以便对绩效进行客观、公正的评估。

在制订绩效计划和目标的过程中，组织与员工之间的充分沟通和交流是至关重要的。这种沟通不仅是为了确保员工充分理解并认同绩效目标，还是为了建立一种共同的愿景。只有当员工真正理解并认同组织的战略目标和业务重点时，他们才会更加积极地投入工作中去实现这些目标。

此外，制订绩效计划还需要注意以下几点。

（1）计划应该具有挑战性和可达成性。计划如果过于简单，员工可能会觉得没有挑战性，从而失去动力；而如果过于困难，员工可能会因为无法达成而失去信心。因此，制订合理的计划是至关重要的。

（2）计划应该与员工的实际工作紧密相关。这意味着计划不仅应与组织的战略目标和业务重点相一致，还应该与员工的工作职责和实际工作内容相关联。

（3）计划应该具有可衡量性。这意味着计划应该有一些明确的评估标准，以便对员工的绩效进行客观、公正的评估。

（4）计划应该具有时限性。每个计划都应该有明确的完成时间，以便员工能够按照时间表进行工作，并按时完成目标。

### （二）建立绩效评估体系

绩效评估是绩效管理的核心环节，通过对员工的工作表现进行客观、公正的评估，为组织提供关于员工绩效的准确信息，帮助组织了解员工的工作情况，发现和解决问题，同时为组织决策提供重要依据。

绩效评估体系是绩效管理的关键部分，它包括评估指标、评估标准和评估周期等内容。评估指标是用来衡量员工绩效的关键要素，应与组织的战略目标和业务重点一致，能够全面反映员工的工作表现和能力水平；评估标准是组织对员工绩效进行评估的依据，应该明确、具体且具有可操作性，以便对员工绩效进行客观、公正的评估；评估周期是组织对员工绩效进行评估的时间间隔，应该根据组织的需求和员工的工作特点来确定，以确保绩效评估的及时性和有效性。

在建立绩效评估体系的过程中，还需要注意以下几点。

（1）评估标准应具有可衡量性。这意味着评估标准应该是一些具体的、可衡量的指标，以便对员工绩效进行客观、公正的评估。

（2）评估应具有公正性。这意味着评估应该基于员工的工作表现和能力水平，而不是基于个人偏见或主观印象。

### （三）实施绩效辅导和反馈

绩效辅导和反馈是实施绩效管理的重要环节之一，它贯穿于绩效管理的全过程，对于提高员工的绩效水平和促进组织发展具有重要的作用。

绩效辅导是指组织给予员工必要的支持和指导，帮助员工更好地完成工作任务，提高员工的工作能力和绩效水平。绩效反馈是指组织对员工的工作表现进行评估和反馈，以便员工更好地了解自己的工作表现、发现和解决问题，同时为组织决策提供重要依据。

实施绩效辅导和反馈应该注意以下几点。

（1）及时性：组织应及时发现和解决员工在工作中遇到的问题，避免问题积压和拖延。

（2）具体性：反馈应具体、明确，以便员工更好地了解自己的工作表现。

（3）建设性：反馈应注重建设性意见，帮助员工改进工作方法和提高绩效水平。

（4）互动性：绩效辅导和反馈应该是一个双向互动的过程，组织需要与员工进行沟通和交流，听取员工的意见和建议。

### （四）采取绩效激励措施

绩效激励是绩效管理的关键环节之一，它通过给予员工相应的奖励来激发员工的工作热情和动力，提高员工的工作效率和质量，推动组织的整体发展。

绩效激励措施的设计应该多元化、个性化，并根据员工的实际需求和偏好进行设计。这些措施可以包括晋升职位、提高薪酬、获得荣誉、提供培训机会等。通过满足员工的不同需求，组织可以更好地激发员工的积极性和创造力，提高员工的绩效水平和整体素质。

采取绩效激励措施时，组织需要注意以下几点。

（1）公平性：激励措施应公平、公正，与员工的绩效表现相符合，避免出现不公平的现象。

（2）及时性：组织需要及时对员工的绩效表现进行评估和反馈，并在合适的时机给予相应的奖励。

（3）多元化：激励措施应该多元化，以满足不同员工的需求，包括物质激励和精神激励等。

（4）可衡量性：激励措施应具有可衡量性，以便对员工的绩效表现进行客观、公正的评估和比较。

### （五）持续改进绩效管理

持续改进是绩效管理的关键环节之一，它贯穿于绩效管理的全过程，是组织不断提高绩效管理效果和质量的重要保障。

持续改进是指组织在绩效管理过程中不断总结和反思出现的问题，提出相应的改进措施和建议，不断完善和提高绩效管理的效果和质量。这个过程需要组织定期对绩效管理过程进行评估和反思，及时发现和解决问题，并制订相应的改进计划。

持续改进绩效管理需要注意以下几点。

（1）及时性：组织需要时刻关注员工的工作表现，及时发现和解决员工在工作中遇到的问题，避免问题积累或恶化。

（2）系统性：组织需要从全局出发，全面考虑绩效管理的各个环节，确保整个绩效管理体系的完整性和系统性。

(3) 可持续性：组织需要制定长远的发展战略，确保绩效管理的持续性和稳定性，以实现组织的长期发展和竞争优势的不断提升。

(4) 员工参与：组织需要积极鼓励员工参与到绩效管理过程中，与员工进行充分沟通和交流，了解员工的实际需求和期望，共同制订相应的改进计划。

(5) 培训和发展：组织需要为员工提供必要的培训和发展机会，帮助员工提升自身能力和素质，增强员工的自我认知和职业规划意识。通过持续改进绩效管理，组织可以不断完善和提高绩效管理的效果和质量，提高员工的绩效水平和整体素质，促进组织的持续发展和竞争优势的提升。

# 第二节　人力资源的薪酬管理

## 一、薪酬的概念和分类

### (一) 薪酬的概念

薪酬是指员工在组织或企业中获得的各种形式的回报。从狭义上说，薪酬是指基本工资和绩效奖金等直接支付给员工的报酬，还有股票期权、股票奖励计划、养老金等以金融工具或补偿形式支付给员工的报酬，以及一些额外的津贴和补贴，如住房津贴、交通津贴、子女教育津贴等；从广义上说，薪酬还包括工作成就、社会地位、个人成长、友谊关怀、舒适环境和弹性工作时间等非货币性薪酬。

### (二) 薪酬的分类

1. 直接经济性薪酬

直接经济性薪酬包括单位按照一定标准以货币形式向员工支付的各种薪酬。以下是常见的直接经济性薪酬。

(1) 基本工资：基本工资是根据员工所提供的劳动的数量和质量，按照事先规定的标准支付给员工的基本劳动报酬。它通常是按照员工的职位、资历、工时等因素进行计算，以确保员工在正常工作情况下获得稳定收入。

(2) 奖金：奖金是根据员工的超额工作和表现而支付的额外报酬。奖金通常是根据员工的绩效、团队成果、销售业绩等绩效指标来确定的。它可以作为激励和奖励，以鼓励员工出色完成工作任务或实现目标。

（3）绩效工资：绩效工资是根据员工的绩效表现来确定的，通过考核员工的工作质量、效率和成果来决定工资的水平。它与员工的表现直接相关，通常是根据定量或定性的绩效评估方法来计算的。

（4）激励工资：激励工资是为了激励员工而设立的薪酬机制。它包括长期股权激励计划、股票期权、利润分成等形式，以鼓励员工的长期投入和业绩贡献。

（5）津贴：津贴是为了补偿员工在特殊工作环境中的额外劳动消耗和生活费用的额外支付。例如，生活性津贴可以用于解决员工的生活费用，劳动性津贴可以用于弥补特殊工作条件下的劳动消耗，地域性津贴可以用于补偿高成本的地区生活费用等。

2. 间接经济性薪酬

间接经济性薪酬不直接以货币形式发放给员工，但通常可以给员工带来生活上的便利、减少员工额外开支或者免除员工后顾之忧，主要体现为给予员工的各种福利政策，如养老保险、医疗保险、失业保险、工伤及遗嘱保险、住房公积金等。

福利是对员工劳动的间接回报，除了上面所说的，还有带薪假日、安全保护、各种文化娱乐设施等。

薪酬的本质就是一种交换或者说交易。在这个交易中，员工获得其生活所需的各种货币和非货币资源，企业或组织获得能够保证其正常运作的各种人力和物力，因此，要遵循等价交换的原则。

## 二、薪酬水平的概念

薪酬水平是指组织支付给员工的平均薪酬水平，它反映了组织对员工价值和业绩的认可程度。薪酬水平是薪酬管理中的重要因素之一，它不仅会影响员工的工作积极性和效率，还直接关系到组织的吸引力和竞争力。

在制定薪酬标准时，组织需要考虑多个因素。首先，组织需要了解行业标准和竞争对手的薪酬水平，以便制定具有竞争力的薪酬标准。其次，组织需要考虑自身的财务状况和战略目标，确定能够承受的薪酬水平。最后，组织还需要考虑员工的工作性质、岗位重要性、绩效表现等因素，给予员工不同的薪酬待遇。

合理的薪酬水平可以提高员工的忠诚度，激发员工的工作动力。同时，也可以提高组织的吸引力和竞争力，吸引更多优秀的人才。相反，不合理的薪酬水平会导致员工的不满和流失，降低员工的工作效率和质量，甚至会影响组织的稳定性和发展潜力。

在薪酬管理中，组织需要关注行业标准和员工的需求变化，及时调整和优化薪酬水平。同时，组织还需要建立完善的薪酬管理制度和绩效评估体系，确保薪酬分配的公平性和合理性。此外，组织还需要加强员工沟通和培训，增强员工的薪酬意识，以促进组织和员工的共同发展。

总之，薪酬水平是薪酬管理中的重要因素之一。组织需要制定合理的薪酬标准，以吸引和留住优秀人才，提高员工的满意度和工作效率。

## 三、薪酬管理的概念

薪酬管理是指组织在内部管理过程中，对员工的薪酬进行规划、设计、分配、调整和评估的一系列活动。它旨在通过合理的薪酬制度和策略，激发员工的工作热情和创造力，提高员工的工作效率和质量，同时确保组织的财务稳定和战略目标的实现。薪酬管理包括多个方面，如薪酬制度的制定、薪酬水平的确定、薪酬结构的优化、绩效评估与激励等。这些方面相互关联、相互影响，共同构成了组织的薪酬管理体系。

## 四、薪酬管理的作用

### （一）激励员工

薪酬管理对于激励员工至关重要。有效的薪酬管理不仅能确保员工的努力得到应有的回报，还能激发员工的工作动力。

第一，薪酬应与员工的绩效挂钩。这样，员工就能明确地看到他们的努力和贡献与他们的薪酬之间的直接关系。这不仅能提高员工的工作积极性，还能促使他们更加专注于完成工作任务和提高工作效率。第二，薪酬应与员工的发展和晋升机会相关联。当员工看到他们可以通过不断学习和提高自己的技能来增加薪酬时，他们将更加愿意投入时间和精力去提高自己的工作能力。这种动态的薪酬体系可以帮助组织吸引和留住优秀的员工。第三，组织可以通过提供奖金、福利和其他激励措施来进一步增强薪酬的激励效果。这些额外的奖励可以用来表彰那些在工作中表现出色的员工，或者鼓励员工在面临挑战时达到更高的目标。第四，组织还需要确保薪酬管理制度的公平性和透明度。当员工感到他们被公平对待，并且对公司的薪酬体系有信心时，他们将更加愿意投入精力去完成工作。这种积极的工作态度将有助于提高整体的工作效率和生产力。

综上所述，通过设计公平、透明、具有激励性的薪酬管理制度，组织可以有效地激励员工，提高他们的工作动力和效率，从而推动组织持续发展。

**（二）增强员工的幸福感**

薪酬管理不仅对组织的运营至关重要，而且还对提高员工的幸福指数也起着关键的作用。薪酬是员工经济生活的基础。合理的薪酬不仅能保证员工的基本生活需求得到满足，还能为员工提供额外的收入，使员工能够更好地应对生活中的挑战。当员工在经济上得到了满足，他们的生活满意度和幸福感会显著提高。薪酬管理也关乎员工的自尊和自我价值感。当员工认为他们的努力得到了公平的回报时，他们的成就感和对组织的归属感会增强。这种积极的反馈循环不仅有助于提高员工的工作满意度，还能提高他们的整体幸福指数。合理的薪酬管理还能有效地减少员工的不满和抱怨。当员工感到他们的付出得到了应有的回报时，他们更可能对组织的决策和安排产生积极的反馈，而不是对工作产生消极的态度或者产生职业倦怠感。此外，具有竞争力的薪酬管理策略也能吸引和留住优秀的员工。当公司能够提供具有吸引力的薪酬待遇时，员工会感到他们的价值得到了认可，从而增强了他们的幸福感。通过实施合理的薪酬管理策略，组织不仅能够提高员工的生活质量和工作效率，还能够增强员工的幸福感，促进组织的稳定和持续发展。

**（三）推动组织战略目标的实现**

薪酬管理是组织战略实现的关键工具。组织的壮大和发展需要员工齐心协力，共同为组织的战略目标而努力。合理的薪酬制度就像是一面明镜，它能够准确地反映员工对组织的贡献，同时也能够激励员工积极实现组织的战略目标。合理的薪酬制度可以引导员工的行为与组织的战略目标保持一致。当员工的薪酬与他们的工作表现和组织的战略目标紧密相连时，他们就会更加努力地工作，以实现更高的绩效，从而得到更高的薪酬。这种正面的循环效应，可以使组织和员工实现共同发展，达到双赢的效果。此外，合理的薪酬制度还可以提高员工的忠诚度。当员工感到他们的努力得到了应有的回报时，他们就会更加愿意为组织的发展贡献自己的力量。同时，合理的薪酬制度还可以吸引和留住优秀的员工，为组织打造一支高效、专业的团队。

**（四）提高组织竞争力**

有效的薪酬管理在增强组织竞争力方面起着至关重要的作用。在当今人才竞争日益激烈的环境下，组织面临着吸引和留住优秀人才的巨大挑战。为了在这个竞争激烈的市场中取得成功，组织需要制定合理的薪酬制度，以吸引和留住那些能够为组织带来创新和竞争优势的人才。通过制定具有竞争力的薪酬标准，组织可以吸引到最优秀的人才，并确保他们愿意留在组织中，为组织的发展做出贡献。这不仅可以提高组织的整体实力，还可以帮助组织在市场上获得更大的竞争优势。具有竞争力的薪酬制度不仅可以吸引外部人才，还可以激励内部员工继续发展并为公司做出更大的贡献。这种内外兼修的薪酬管理策略将有助于组织在市场竞争中立于不败之地。

### （五）促进团队合作

合理的薪酬管理是促进团队合作的重要手段。当员工的薪酬与团队绩效挂钩时，他们将更加关注团队的整体表现，愿意为团队的成功付出努力。这种团队合作的精神将有助于提高组织的协同效应和整体表现。通过将薪酬与团队绩效相结合，组织可以鼓励员工关注团队的目标和成就。当员工的薪酬与团队绩效相关时，他们将更加积极地参与团队活动，与其他成员合作并共同努力实现团队目标。这种团队合作的精神将有助于提高组织的协同效应。通过培养员工的团队合作精神，组织可以营造积极向上的工作氛围，鼓励员工相互协作、互相支持。这种团队合作的精神将有助于提高组织的整体效率和生产力，从而实现组织绩效目标。因此，合理的薪酬管理是促进团队合作的重要手段。组织应该制定合理的薪酬制度，将员工的表现与团队绩效相结合，以鼓励员工更加关注团队的整体表现，为组织的成功做出贡献。

### （六）优化人力资源配置

优化人力资源配置是组织成功的关键因素之一。通过薪酬管理，组织可以更好地吸引和留住符合岗位要求的优秀人才，同时还可以发现人力资源配置方面存在的问题并及时进行调整和优化。根据不同岗位的工作性质、责任和技能要求，组织可以设定合理的薪酬标准，从而吸引和留住人才。对于有高水平技能和高责任感要求的岗位，组织应提供更高的薪酬水平，以吸引和留住高素质人才。同时，对于低水平技能和低责任感要求的岗位，组织可以适当降低薪酬水平，以控制成本并提高组织的整体效率。通过对不同岗位的薪酬进行比较和分析，组织可以发现人力资源配置方面存在的问题。例如，如果某些岗位的薪酬水平过低，可能会导致员工不满或人才流失。通过对这些问题的分析，组织可以及时进行调整和优化，使人力资源配置更加合理和有效。通过薪酬管理，组织可以优化人力资源配置，提高组织的整体效率和竞争力。

### （七）塑造组织文化

薪酬管理不仅是一种激励机制，还是塑造组织文化的重要手段。通过设定合理的薪酬水平和对员工进行奖励和激励，组织可以传达出其独特的价值观和文化理念，进而形成一种积极向上的组织文化。

薪酬水平是组织文化的重要组成部分。合理的薪酬水平可以吸引和留住符合组织价值观和文化理念的优秀人才，进而促进组织文化的发展。如果组织的薪酬水平与市场平均水平相差较大，可能会导致员工的不满和流失，进而影响组织文化的建设。薪酬管理通过对员工的奖励和激励，可以传达出组织的价值观和文化理念。例如，组织可以通过设立奖励机制来表彰那些符合组织文化理念的优秀员工，进而激励其他员工向他们学习。同时，对于那些违反组织文化理念的员工，组织可以通过相应的惩罚来传达其价值观和文化理念。塑造组织文化对于增强员工的认同感和归属感至关重要。当员工认同组织的价值观和文化理念时，他们将更加愿意为组织的发展做出贡献，同时也会将个人的职业发展与组织的整体目标相结合。这种一致性的文化将有助于增强员工的归属感，进而提高他们的工作积极性和效率。

此外，塑造组织文化还有利于组织形象的建立和提升。一个拥有积极向上文化的组织将会受到外界的认可和尊重，进而提高组织的知名度和声誉。这种良好的形象将有助于吸引更多的优秀人才加入组织，同时也会提高员工对组织的满意度。总之，通过设定合理的薪酬水平和对员工进行奖励和激励，组织可以塑造一种积极向上的组织文化，增强员工的认同感和归属感，提高组织的整体效率和竞争力。

## 五、薪酬管理的原则

### （一）公平公正原则

薪酬管理的公平公正原则是指在设计薪酬体系时，必须确保员工对于薪酬决策的过程和结果感到公平和公正。

首先，薪酬决策的公平公正性是薪酬管理的基础。组织需要建立透明、公正的薪酬决策流程，确保所有员工都被公平地对待。在制定薪酬决策时，组织应该基于员工的工作表现、能力、责任等因素，而不是基于个人关系、偏见或其他非相关因素。其次，组织需要确保薪酬信息的透明度。员工应了解组织的薪酬体系和决策过程，以便评估其薪酬是否公平和公正。组织应该向员工提供详细的工作评价和薪酬对比数据，以便员工能够了解薪酬决策的基础。最后，组织需要建立有效的反馈机制，以确保员工能够表达对于薪酬决策的意见和看法。组织应该倾听员工的反馈，对于不公正的决策，应该进行调查和纠正。同时，组织还应该建立公正的奖励机制，以表彰员工的优秀工作表现和贡献。

公平公正原则是薪酬管理的重要原则之一。组织需要确保薪酬决策的公平公正性，建立透明、公正的薪酬决策流程，并向员工提供详细的薪酬信息。同时，组织还需要建立有效的反馈机制和公正的奖励机制，以提高员工的忠诚度、工作效率和满意度。只有这样，组织才能够吸引和留住优秀的员工，实现可持续发展。

### （二）竞争性原则

薪酬管理的竞争性原则是指在设计薪酬体系时，必须考虑外部和内部市场的竞争情况，以确保组织的薪酬水平能够吸引和留住优秀的员工。

外部市场的竞争是薪酬管理必须考虑的重要因素之一。组织需要了解同行业、同地区的薪酬水平，以确保其薪酬水平具有竞争力。如果组织的薪酬水平低于外部市场的平均水平，就会难以吸引和留住优秀的员工。因此，组织需要定期进行市场薪酬调查，了解外部市场的薪酬趋势和竞争对手的薪酬水平，以便调整其薪酬体系。内部市场的竞争也是组织薪酬管理必须考虑的因素之一。组织需要确保不同部门、不同职位之间的薪酬水平具有公平性，以避免出现内部不公和员工流失。同时，组织还需要根据员工的工作表现、能力、责任等因素设定不同的薪酬水平，以激励员工更好地工作。同时，组织还需要营造良好的工作环境，为员工提供舒适的工作氛围，以提高员工的工作效率和满意度。竞争性原则是薪酬管理的重要原则之一。因此，组织需要了解外部和内部市场的竞争情况，设计具有竞争力的薪酬体系，以吸引和留住优秀员工。

### （三）绩效导向原则

薪酬管理的绩效导向原则是指在设计薪酬体系时，必须将员工的工作绩效作为确定薪酬的重要因素之一。

组织需要建立明确的绩效管理体系，确立科学的绩效评估标准和评估流程。绩效评估标准应该与组织的目标和战略相一致，评估流程应该公正、透明，能够客观地反映员工的工作绩效。组织需要将薪酬与绩效挂钩，根据员工的绩效表现确定薪酬水平。如果员工的绩效表现优秀，那么其薪酬水平应该相应地提高，以激励其继续努力工作；如果员工的绩效表现不佳，那么其薪酬水平应该相应地降低，以提醒其需要改进工作。组织需要定期进行绩效评估和反馈，以帮助员工了解自己的工作表现和改进方向。绩效反馈应该及时、具体、有针对性，以便员工能够了解自己的不足之处并采取措施加以改进。

绩效导向原则是组织薪酬管理的重要原则之一。组织需要建立明确的绩效管理体系，将薪酬与绩效挂钩，并根据员工的绩效表现确定薪酬水平。同时，组织还需要定期进行绩效评估和反馈，以帮助员工了解自己的工作表现和改进方向。只有这样，组织才能够激励员工更好地工作，提高员工的工作效率和满意度，实现可持续发展。

### （四）定期评估与调整原则

薪酬管理的定期评估与调整原则是指在薪酬管理体系实施后，定期对员工的薪酬进行评估和调整，以确保薪酬水平与市场和组织内部的变化保持同步。

定期评估是必要的，因为市场和组织内部的环境会不断变化。通过定期评估，组织可以了解员工薪酬与市场和内部公平性的差距，从而进行调整。此外，定期评估还可以帮助组织了解员工的工作表现和贡献，为薪酬调整提供依据。调整薪酬是组织保持竞争力的关键。通过定期调整薪酬水平，组织可以确保其薪酬水平与市场和内部公平性的变化保持同步。此外，根据员工的工作表现和组织目标实现情况对薪酬进行及时调整，可以激励员工更好地发挥其潜力，提高工作效率和质量。定期评估与调整原则的实施需要建立相应的流程和机制。组织需要制定明确的评估标准和程序，并确保评估结果的公正性和透明度。同时，组织需要建立灵活的薪酬调整机制，根据评估结果和市场变化及时进行调整。

### （五）个性化差异原则

组织薪酬管理的个性化差异原则是指在薪酬管理体系中，应该考虑员工的个性化需求和差异，制定针对不同员工的差异化薪酬策略。

员工个性化需求和差异是客观存在的。不同员工有着不同的教育背景、职业经历、技能特长和兴趣爱好，他们在组织中的角色和职责也各不相同。因此，组织需要针对不同员工的个性化需求和差异，制定差异化的薪酬策略，以更好地激励员工发挥其潜力。个性化差异原则有助于提高员工的满意度和忠诚度。通过满足不同员工的个性化需求和差异，组织可以提供更加公正和激励性的薪酬待遇，提高员工的工作积极性和工作效率。同时，员工也会感受到组织对其个人成长的关注和支持，进而增强对组织的归属感。组织需要建立灵活的薪酬调整机制，根据员工个性化需求和差异及时进行调整。

个性化差异原则是薪酬管理的重要原则之一。通过考虑员工的个性化需求和差异，制定差异化的薪酬策略，并建立灵活的薪酬调整机制，组织可以更好地满足员工需求，提高员工的满意度和忠诚度，实现可持续发展。

### （六）合法合规原则

薪酬管理的合法合规原则是指组织在设计和实施薪酬管理体系时，必须遵守相关法律法规和政策规定，确保薪酬管理的合法性和合规性。组织需要了解和遵守国家及地区的法律法规和政策规定，确保其薪酬管理符合国家法律法规和政策的要求，包括最低工资标准、社会保险、福利政策等方面的规定。组织需要建立合法合规的薪酬管理体系，确保员工薪酬的确定和发放符合法律法规和政策的规定。组织不应以任何形式克扣、拖欠员工的薪酬，也不得以任何形式歧视员工的薪酬待遇。组织需要建立有效的内部监督机制，确保薪酬管理的合法性和合规性。组织应设立专门的监督机构或指定专人负责监督薪酬管理，确保薪酬政策的贯彻执行。同时，组织还应建立员工申诉机制，及时处理员工对于薪酬管理的投诉和建议。组织需要不断更新和完善其薪酬管理体系，以适应国家和地区的法律法规和政策变化。组织应定期对薪酬管理体系进行审查和修订，确保其与最新的法律法规和政策要求保持一致。

## 六、薪酬管理的内容

### （一）薪酬体系设计

薪酬体系设计是薪酬管理的核心，它不仅关乎员工的切身利益，还是组织吸引和留住人才的关键。一个合理的薪酬体系，需要综合多个因素进行考虑，包括员工的工作职责、能力、绩效表现、市场行情以及组织的战略目标等。

在进行薪酬体系设计时，需要明确薪酬的构成。薪酬通常包括基本工资、奖金、福利等部分。基本工资是员工薪酬的主要组成部分，需要根据员工的工作职责、能力和市场水平确定，以确保其能够满足员工的基本生活需求；奖金则是根据员工的工作表现和组织业绩进行奖励，以激励员工更好地发挥其潜力，提高工作效率；福利则是为员工提供保险、假期、健康等方面的保障和福利，以提升员工的满意度。组织需要了解市场和行业的薪酬水平，制定具有竞争力的薪酬标准。同时，组织还需要根据不同职位之间的价值差异，确定合理的薪酬差距，避免内部不公和员工流失。薪酬结构也是薪酬体系设计中需要考虑的重要因素。薪酬结构包括薪酬等级、薪酬晋升机制、薪酬调整机制等。薪酬等级是根据职位价值和工作内容等因素划分的不同薪酬水平，用以体现不同职位之间的价值差异；薪酬晋升机制则是根据员工的工作表现和职业发展给予相应的晋升和薪酬调整，以激励员工不断进步；薪酬调整机制则是定期根据市场变化和组织业绩等因素对薪酬进行及时调整，以保持薪酬的竞争力和公平性。薪酬体系设计是组织薪酬管理的关键环节之一。通过科学合理的薪酬体系设计，组织可以吸引和留住优秀人才，提高员工的工作积极性和满意度，为组织的可持续发展提供有力的支持。

### （二）岗位评估分析

岗位评估分析是薪酬管理的重要基础，它对于确保薪酬分配的公平性和合理性至关重要。通过全面深入地对组织内的各个岗位进行评估和分析，可以确定每个岗位的相对价值和重要性，为薪酬分配提供客观依据。

岗位评估分析是一个复杂的过程，需要综合考虑多个因素。首先，需要对每个岗位的工作内容、职责、任职要求等进行详细分析，以了解岗位的复杂程度、责任大小、所需技能等。其次，需要结合市场情况和行业标准，对每个岗位的薪酬水平进行合理定位，以确定薪酬的竞争力。最后，还需要根据组织的战略目标和业务发展需求，对岗位进行动态评估和调整，以适应组织发展的需要。在进行岗位评估与分析时，需要遵循公平、公正、客观的原则；评估过程需要广泛参与，包括相关部门负责人、岗位员工代表等；评估结果需要充分讨论和协商，以确保其合理性和可接受性。同时，还需要建立有效的反馈机制，对评估结果进行定期审查和调整，以确保其与组织发展保持同步。

### （三）绩效评估与激励

绩效评估与激励是薪酬管理的核心环节之一，对于提高员工的积极性和创造力具有至关重要的作用。

绩效评估是对员工在工作中所表现出的能力、态度和业绩进行全面、客观、公正的评估。绩效评估不仅关注员工的工作结果，还关注员工的工作过程和行为，以及员工对组织的贡献和价值。通过对员工的绩效进行评估，组织可以了解员工的工作表现和贡献，为薪酬分配提供重要依据。同时，绩效评估还可以帮助员工认识到自己的优势和不足，为改进工作提供指导，促进员工的职业发展和个人成长。激励是激发员工积极性和创造力的关键手段。根据员工的绩效表现，组织可以给予相应的奖励和激励，包括薪酬调整、晋升机会、表彰奖励等方式。这些激励措施可以激发员工的成就感和归属感，提高员工的工作积极性和创造力，进而推动组织绩效的提升。激励不仅可以提高员工的满意度和忠诚度，还可以增强员工的责任感和使命感，为组织的长期发展提供有力支持。

组织需要建立完善的绩效评估体系，对员工的绩效进行全面、客观、公正的评估，并根据员工的绩效表现给予相应的奖励。只有这样，才能吸引和留住优秀人才，提高员工的工作满意度和忠诚度，为组织的可持续发展提供有力支持。同时，绩效评估与激励也是组织与员工之间的沟通桥梁，可以加强组织与员工之间的联系和互动，提高组织的凝聚力和向心力。

**（四）薪酬调整与优化**

薪酬调整与优化是薪酬管理的重要环节之一，组织需要根据市场行情、组织发展等因素对薪酬制度进行调整和优化，以确保薪酬制度的合理性和有效性。同时，组织还需要关注员工需求的变化，了解员工对薪酬制度的期望和需求，以便更好地满足员工的需求和期望。组织需要对自身的薪酬制度进行定期评估和审查，以便及时发现问题和不足之处。评估和审查的内容可以包括薪酬水平、薪酬结构、薪酬等级等方面，以及员工对薪酬制度的反馈和建议。组织需要根据市场行情和员工需求的变化，及时调整和优化薪酬制度。例如，可以根据市场变化调整薪酬水平、根据员工需求变化调整福利政策等。同时，组织还需要对薪酬制度进行宣传和解释，以便更好地让员工了解和接受新的薪酬制度。

薪酬调整与优化是确保薪酬制度合理性和有效性的重要手段。组织需要关注市场行情和员工需求的变化，及时调整和优化薪酬制度，以满足组织和员工的共同发展需求。

**（五）薪酬沟通与解释**

薪酬沟通与解释是薪酬管理的重要环节之一，它不仅关乎员工的切身利益，还是组织与员工之间建立信任的关键。有效的薪酬沟通与解释需要组织清晰地向员工解释薪酬的构成、计算方式、调整原因等重要内容。这可以帮助员工更好地理解薪酬制度，明确自身在组织中的价值定位，并激发他们的工作动力。在薪酬沟通与解释的过程中，组织需要尊重员工的意见和建议，及时回应员工关切的问题，以建立良好的互动关系。为了提高员工对组织的信任和忠诚度，组织需要建立一套完善的沟通机制，包括定期举行薪酬说明会、发布薪酬政策公告、开设内部沟通渠道等措施。通过多种形式的沟通渠道，组织可以向员工传递薪酬管理的信息和解释相关政策，使员工更好地了解和接受组织的薪酬制度。同时，这也有助于减少员工对薪酬制度的误解和疑虑，提高员工的满意度和忠诚度。

薪酬沟通与解释对于组织的健康发展至关重要。组织需要重视这一环节，加强与员工的沟通与互动，以建立互信互利的合作关系，共同推动组织的持续发展。

## 第三节　人力资源的劳动关系管理

### 一、劳动关系的含义与特征

#### （一）劳动关系的含义

劳动关系是指在运用劳动能力实现劳动的过程中，劳动者与用人单位（劳动使用者）之间的社会劳动关系。从广义上讲，生活在城市和农村的任何劳动者与任何性质的用人单位之间因从事劳动而结成的社会关系都属于劳动关系的范畴；从狭义上讲，现实劳动关系是遵循国家劳动法规的劳动法律关系，双方当事人有法定权利和义务，由国家强制力保障实施。

广义的劳动关系是生产关系的重要组成部分，是社会分工协作关系；狭义的劳动关系则是劳动者与用人单位之间由于劳动交易所形成的关系，是二者围绕有偿劳动的内容和形式所产生的各种权、责、利关系。劳动关系包括了三方面的含义：(1) 劳动关系是现实劳动过程中所发生的关系，并且常常通过劳动管理过程体现出来；(2) 劳动关系是用人单位与员工之间的利益关系，二者通过劳动交易联系起来；(3) 劳动关系是围绕有偿劳动发生的关系，具有特定的范围。

#### （二）劳动关系的特征

劳动关系与其他各种社会关系相比，具有如下特征。

1. 既有平等性，又具有隶属性

劳动关系的双方在法律面前享有平等的权利。劳动者与用人单位建立劳动关系时，是基于平等自愿的原则进行的，双方在合同签订过程中应当平等对待对方，并在劳动关系中享有相应的权益。同时，劳动关系中也存在着隶属关系。劳动者作为用人单位的成员，应按照用人单位的规章制度进行工作和管理。劳动者应当服从用人单位的指导和管理，遵守组织的规定和流程，以确保工作的顺利进行和组织的正常运作。这种隶属关系源于劳动者与用人单位之间的雇佣关系。劳动者选择加入用人单位，就意味着他们愿意接受用人单位的领导和管理。用人单位应对劳动者进行岗位指导、任务分配和绩效评估等，以协调劳动过程和实现组织目标。

2. 产生于劳动过程之中

劳动者只有在劳动过程中与用人单位提供的生产资料相结合，才能与用人单位产生劳动关系，没有劳动过程便不可能形成劳动关系。因此，从严格意义上讲，劳动法所涉及的范围只限于劳动过程之中，不应包括未形成劳动关系之前的就业过程。但是，由于我国是一个劳动力资源大国，所以就业问题成了一个社会问题，在今后相当长的一个时期内，就业问题都关系到社会经济的发展和稳定。同时就业与劳动关系又有特别紧密的联系。因此，我国的劳动法将就业纳入自己的调整范围，是出于我国实际的考虑，不能因此将就业也归于劳动关系的范畴。

3. 具有排他性

劳动关系仅产生于劳动者与单位之间，其他社会关系非劳动关系。自然人劳动者同一时间仅能与一个单位签劳动合同，建立单一劳动关系。没有任何劳动者或单位可同时与两方建立劳动关系，具有排他性。灵活就业者如作家、自由撰稿人、小时工等，可与不同单位建立劳动关系。笔者认为，灵活就业者未违背劳动关系排他性，因工作时间错开，仍符合同一时间仅与一单位建立劳动关系规定，仅时间更灵活更具体。

4. 以劳动为目的

用人单位与劳动者建立劳动关系，是为了实现劳动过程，为社会生产或社会产品提供服务。劳动者的劳动成果归属于用人单位，也就是说，劳动者是在用人单位的指挥下，为了最终实现用人单位的利益而劳动的。用人单位必须为劳动者实施劳动行为提供有利条件和物质保障，并向劳动者支付合理的报酬。

5. 国家意志和当事人意志双重属性

劳动关系是依据劳动法规定和劳动合同约定形成的，既体现了国家意志，又体现了双方当事人的共同意志。我国劳动合同法对用人单位和劳动者的权利、义务作了明确的规定，体现了国家对劳动关系的强制干预性质，同时双方对劳动关系的具体事项可以在平等自愿的基础上自由约定，体现了契约自由的本质属性。

## 二、劳动关系管理的含义

组织中的劳动关系管理指在组织内部，管理者、员工和工会之间形成的一种相互关系。这种关系是基于法律法规和组织政策，以及员工的参与和贡献而形成的。劳动关系管理对于组织的成功和员工的满意度至关重要，因此它是组织管理的一个重要组成部分。劳动关系管理涉及多个方面，包括员工招聘、培训和开发、薪酬和福利、绩效管理、健康和安全以及员工关系。这些方面都是组织内部劳动关系管理的重要组成部分，因为它们直接影响员工的工作体验和组织的绩效。在员工招聘方面，组织需要确保招聘过程公平、透明，并吸引人才；在培训和开发方面，组织应提供必要的培训和发展机会，帮助员工提升技能和能力；在薪酬和福利方面，组织应确保员工得到公平的待遇和适当的福利；在绩效管理方面，组织应建立公平、客观的评估标准，并对员工进行适当的奖励和激励；在健康和安全方面，组织应确保员工的工作环境安全，并采取必要的措施预防工伤和其他风险；在员工关系方面，组织应建立良好的沟通和反馈机制，以促进员工之间的合作和信任。通过有效的劳动关系管理，组织可以建立和维护良好的员工关系，提高员工的满意度和工作效率，增强组织的凝聚力和竞争力。同时，有效的劳动关系管理还可以帮助组织遵守相关法律法规和道德标准，避免劳动争议和诉讼。

## 三、劳动关系管理的目标

组织中的劳动关系管理旨在创造一个积极、和谐的工作环境，以促进组织和员工的共同发展。以下是针对各个目标的详细解释。

（1）确保劳动关系的和谐与稳定：建立有效的沟通机制、公正的奖励制度以及合理的员工权益保障，可以减少劳动纠纷，提高员工满意度和忠诚度。同时，稳定的关系有助于减少员工流动，提高组织的稳定性。

（2）提升员工参与度和投入度：有效的沟通、培训能够提高员工的参与度和投入度。这有助于员工更好地了解组织的目标和战略，从而更积极地投入工作。

（3）遵守法律法规：劳动关系管理的一个重要目标是确保组织的所有活动都符合国家和地方的劳动法规。这包括员工招聘、薪酬、福利、工作时间、安全和卫生等各方面的规定。

（4）优化人力资源管理：劳动关系管理是人力资源管理的一个重要组成部分，有效的人力资源管理可以更好地吸引、发展和留住人才，提高组织的整体竞争力。

（5）促进组织和员工的共同发展：运用建立学习型组织、鼓励员工自我发展等手段，促进组织和员工的共同发展。这不仅可以提高员工的个人能力，也有助于提高组织的适应性和创新能力。

（6）创造积极的工作环境：良好的劳动关系管理有助于创造积极、公正、公平的工作环境，提高员工的工作积极性和效率。

（7）实现良好的组织和员工沟通：有效的劳动关系管理需要建立良好的组织和员工沟通机制，以了解员工的需要和问题，并及时解决。这有助于提高员工的满意度和忠诚度。

（8）确保员工福利和保障：为员工提供合理的薪酬、福利和其他保障是劳动关系管理的重要目标。这可以增强员工的认同感，减少员工流失。

（9）预防和处理劳动纠纷：对于出现的劳动纠纷，劳动关系管理需要采取适当的措施进行预防和处理，以维护组织和员工的权益。

（10）持续改进：劳动关系管理应致力于不断改进和完善各项制度、流程和策略，以适应不断变化的内外部环境。这需要收集和分析员工反馈，以及监控和评估现有政策和实践的效果。

（11）增强多样性和包容性：现代组织越来越意识到多样性和包容性对组织成功的重要性。劳动关系管理应致力于增强员工的多样性，同时创建一个包容的工作环境，确保所有员工都能感到被尊重和接纳。

（12）管理绩效和发展：有效的劳动关系管理需要提供适当的绩效管理和职业发展机会，以激励员工更好地发挥其能力和潜力。这可以通过设立明确的绩效标准、提供培训和发展计划以及定期的绩效评估来实现。

（13）营造学习和创新文化：鼓励员工学习和创新是现代组织的核心竞争力之一。劳动关系管理应与组织文化和战略相结合，以创建一个鼓励学习和创新的工作环境。

总的来说，组织中的劳动关系管理旨在创造一个积极、和谐的工作环境，以促进组织和员工的共同发展。为实现这一目标，组织需要制定和执行一系列综合的策略，包括招聘、培训、福利、沟通、绩效管理和员工关系管理等。这些策略需要与组织的战略目标和文化相结合，以创建一个积极、公正、公平的工作环境，提高员工的满意度和忠诚度，促进组织的稳定和长期发展。

## 四、劳动关系管理风格

### （一）传统式

传统式劳动关系管理强调组织内部的等级和权威结构，强调管理者对员工进行指导和控制。决策主要由高层管理者制定，员工执行决策。传统管理方式下，员工的意见可能不被充分考虑，员工缺乏参与决策和表达意见的机会，形成明显的上下级关系。

### （二）温情式

它和传统式管理一样，不赞成建立行业工会，认为组织和员工的关系从根本上讲是合作的关系，组织能前瞻性地处理员工关系问题，不需要建立行业工会。这类组织支付给员工的工资通常高于市场平均水平，在用人上组织谨慎地选择合适的人员，然后花大量的精力使员工忠于组织。

### （三）协商式

奉行协商式管理的组织，通过综合应用其员工关系中正式的和非正式的机制，其前提是管理人员应该具有前瞻性计划并采取了前瞻性行动，因而也被称为是解决问题式的管理风格。行业工会在这类组织中受到欢迎，并被视为组织的伙伴。这种管理风格非常强调向工会和员工咨询，鼓励他们寻找解决问题的方法，以试图与他们达成协议。工资既可以通过集中谈判解决，也可以由各个分组织或子公司的经理和工会代表自行改进组织工作、生产效率和福利。

### （四）法制式

这是一种类似于协商式的管理风格。与协商式管理风格相同，法制式的管理风格具有关注前瞻性的计划、管理者与行业工会共同工作、员工参与主要通过行业工会的渠道实现的特点。它与协商式管理风格的不同之处在于，对待员工的方法较为强硬，更注重正式的管理协议，通过在工作场所进行强有力的双边谈判来实现和平共处，协商位于双方的谈判之后。

### （五）权变式

权变式的管理风格由权变理论指导，它依赖于子组织拥有的权力并根据当地的情况管理劳动关系，是一种实用的方法。大型联合组织的子组织负责向母公司提供利润及一些关键性服务。因此行业工会既可能被认可，也可能不被认可；员工参与既可能普遍存在，也可能不普遍存在。工资在高层管理者给定的范围内由各个子组织自己确定。

## 五、劳动关系管理的原则

### （一）合法原则

合法原则是劳动关系管理的基石。任何组织在开展劳动关系管理时，都必须严格遵守国家和地区的法律法规和政策规定，包括但不限于《中华人民共和国劳动法》《中华人民共和国社会保险法》等。这些法律为劳动关系管理提供了基本的框架和规范，保障了员工的权益，也维护了组织的合法运营。组织需要充分了解并严格遵守这些相关法律法规和政策规定，只有这样，才能制定合法、合理的劳动关系管理制度。同时，组织也需要依法履行相关的法律义务，如为员工缴纳社会保险、支付工资等。只有这样，组织才能确保自己的劳动关系管理符合法律要求，避免法律风险，并得到员工的信任和认可。

### （二）协商原则

协商原则是劳动关系管理的重要原则之一。劳动关系不仅涉及组织的利益，还涉及员工的利益。因此，劳动关系管理应该建立在协商、合作的基础上，尊重员工的意愿和参与，与员工进行充分的沟通和协商。组织应该建立良好的沟通机制，及时了解员工的需求和意见，积极解决员工关注的问题，提高员工对组织的信任和忠诚度。只有这样，组织才能与员工建立起和谐、稳定的关系，促进组织的长期发展，同时保障员工的权益。

### （三）稳定原则

稳定原则是劳动关系管理的另一个重要原则。劳动关系管理的目标不仅是要维护现有的劳动关系，还要促进员工的稳定和发展。组织应该积极改善工作环境和条件，提高员工的工作满意度，以吸引和留住优秀的员工。只有这样，组织才能建立起稳定、和谐的劳动关系，实现长期发展目标。

### （四）人本原则

人本原则是劳动关系管理的核心原则之一。组织在管理劳动关系时，必须始终将员工置于中心地位，关注员工的个人发展和利益，提供良好的培训和发展机会，促进员工的个人成长和职业发展。组织应建立以人为本的管理理念，将员工的个人成长和组织的发展紧密联系起来，积极关注员工的身心健康和生活需求，提高员工的生活质量和工作效率。

具体而言，组织可以通过以下方式体现人本原则：(1) 提供个性化的培训和发展计划。根据员工的个人兴趣和能力，提供个性化的培训和发展计划，帮助员工提升技能和能力，实现个人职业目标。(2) 关注员工的身心健康。提供良好的工作环境和条件，关注员工的身心健康和工作压力，采取措施减轻员工的工作负担，提高员工的工作满意度和生活质量。(3) 建立激励机制。建立激励机制，鼓励员工积极追求个人目标和组织目标，对员工的贡献进行认可和奖励，提高员工的工作积极性和效率。

通过坚持人本原则，组织可以建立起稳定、和谐的劳动关系，实现长期发展目标，同时为员工提供更好的发展机会和生活条件，促进员工的个人成长和职业发展。

### （五）透明原则

透明原则是劳动关系管理中的重要原则之一。组织在进行劳动关系管理时，应该保持透明度和公正性，向员工公开管理和决策过程，确保员工对组织的信任和支持。组织应建立透明的薪酬制度和晋升机制，向员工公开管理和决策结果，增强员工的知情权和监督权。这样可以提高员工对组织的信任感和满意度，同时也可以促进组织内部的公正和透明。通过透明原则，组织可以建立起良好的劳动关系，从而促进组织的长期发展。

## 六、劳动关系管理的内容

### （一）员工招聘与选拔

劳动关系管理的第一步是确保组织招聘和选拔与组织文化和价值观相符的员工。这需要组织精细设计招聘和选拔过程，以确保公平、透明和有效的招聘结果。同时，对于员工的入职培训和适应期，也需要有详细的计划和实施方案，以帮助新员工更好地融入组织。

### （二）劳动合同管理

劳动合同是劳动关系管理的核心，它详细规定了员工和组织之间的权利和义务。劳动合同应该明确工作期限、工作内容、工资待遇、工作时间和休息休假等关键条款。它不仅涉及员工和组织之间的劳动关系，还直接影响组织的稳定性和绩效水平。下面我们将详细讨论组织进行劳动合同管理的各个方面的内容。

1. 合同签订与修订

在招聘新员工时，组织需要与员工签订劳动合同，明确双方的权利和义务。合同中应包括工作内容、工资待遇、工作时间和休息休假等关键条款。在签订合同时，双方应充分了解合同的内容和条款，并认真阅读和理解每个条款的含义和适用条件。同时，组织还需要根据国家法律法规和政策规定，制定合同签订的相关制度和流程。

随着组织内外部环境的变化以及员工个人情况和组织需求的变化，可能需要组织对原有的劳动合同进行修订。合同修订应遵循公平、透明和协商一致的原则，确保双方的利益得到保障。组织应建立健全的协商机制和流程，确保在修订合同时能够充分听取员工的意见和建议，并按照法定程序进行修订。

2. 合同内容与执行

劳动合同是组织与员工之间的约定，是双方合作的基础。因此，合同内容必须完整、明确、合法、合规，并且符合组织的实际情况和员工的利益诉求。除了常规的条款，合同还可以包括培训计划、福利待遇、保密协议等个性化的内容。

在合同执行方面，员工和组织都应严格遵守合同的各项条款和规定。员工应按照合同约定的工作内容和标准履行职责，组织则应提供必要的工作条件和支持。同时，组织还应建立健全的监督机制和检查制度，确保员工的工作表现和行为符合合同要求，并及时发现和纠正问题。

3. 合同解除与终止

在某些情况下，员工或组织可能需要解除劳动合同。解除合同应遵循法律规定和合同约定，并提前告知对方。在解除合同时，应进行充分的沟通和协商，以避免产生不必要的纠纷。如果是员工的过错导致合同解除，组织应根据法律规定和合同约定追究其责任并给予相应的处罚。

当劳动合同到期时，组织应根据合同约定和法律规定决定是否续签合同。如果决定不续签合同，应提前告知员工，并按照法律规定给予相应的补偿。在终止合同时，双方应进行充分的沟通和协商，以避免产生不必要的纠纷和影响组织的稳定性。

4. 合同存档与备案

为了备查和后续管理需要，组织应将所有劳动合同存档管理。存档的合同应清晰、易读，并按照一定的分类方法进行管理。同时，为了确保劳动合同的合法性和合规性，组织还应将所有劳动合同提交相关部门进行备案。备案过程中，组织应积极配合相关部门的工作，提供必要的文件和资料。合同备案可以及时发现和纠正合同中存在的问题和不合法条款。

5. 合同监督与检查

为了确保劳动合同的履行和执行情况符合要求，组织应建立完善的监督机制和检查制度。监督机制应包括对员工工作表现和行为的监督、对组织履行合同的监督两个方面内容。定期检查和评估可以发现合同执行中存在的问题和不足之处，并及时采取措施进行改进和完善，从而提高劳动合同管理水平和工作效率。在保障员工和组织的合法权益的同时加强劳动合同管理，也有助于提高组织的稳定性和绩效水平。

6. 合同教育与培训

为了帮助员工了解自己的权益和义务以及提高管理人员和员工的合同管理能力，组织应开展劳动合同教育和培训活动，通过教育增强员工的法律意识和合同意识，帮助他们了解自己的权利和义务；通过培训提高管理人员和员工的合同管理能力，帮助他们更好地理解和执行合同中的各项条款以及应对可能出现的纠纷情况。总之，组织的劳动合同管理是一项重要而复杂的工作，通过实施上述措施可以有效地提高组织劳动合同管理的水平。

### （三）员工培训与发展

员工培训与发展在劳动关系管理中占据了重要的地位。组织为员工提供专业的培训课程和持续的职业发展机会，可以帮助员工提升技能、增强自信，进而提高整个组织的绩效。这不仅有助于组织实现其战略目标，也能使员工感受到组织的重视和支持，进一步增强员工对组织的归属感和忠诚度。此外，员工培训与发展还能帮助组织培养内部人才，减少对外界人才的依赖，从而保持组织的稳定性和竞争优势。通过系统化的培训和职业发展规划，组织可以更好地激发员工的潜力，实现员工与组织的共同发展。因此，有效的劳动关系管理不仅关注员工的薪酬和福利，还注重为员工提供学习和成长的机会，以建立和谐、稳定、积极的工作环境。

### （四）沟通与协调

良好的沟通与协调在劳动关系管理中具有极其重要的作用。通过建立开放、透明的沟通渠道，组织可以促进员工和管理者之间的相互理解和信任，确保信息的畅通和准确传达。这有助于减少误解和冲突，提高工作效率和员工满意度。此外，有效的沟通还能及时发现和解决问题，防止矛盾的积累和激化。对于出现的矛盾和冲突，组织需要设立相应的机制进行协调和处理，包括调解、协商、仲裁等方式，公正、公平、合理地解决争议，维护组织和员工的权益。良好的协调机制不仅可以减少劳动纠纷，还能增强员工的归属感，促进组织的稳定和发展。因此，在劳动关系管理中，沟通与协调是至关重要的环节。组织需要重视并不断完善这一方面的工作，以创造一个和谐、稳定、积极的工作环境。

**（五）员工福利与关怀**

员工福利与关怀是劳动关系管理中不可或缺的一部分。组织通过为员工提供全面的福利和关怀，可以提高员工的满意度，从而提高员工的工作积极性和效率，包括但不限于五险一金、带薪休假、节日福利、职业健康保险等。这些福利和关怀可以帮助员工解决一些后顾之忧，使其更专注于工作。此外，组织还可以根据员工的实际情况，提供一些个性化的福利，如托儿服务、健康咨询等。这不仅体现了组织对员工的关心和支持，也有助于吸引和留住优秀人才。通过员工福利和关怀，组织可以与员工建立更为紧密的关系，共同推动组织的稳定和发展。因此，劳动关系管理中应充分考虑员工福利和关怀，以创造一个积极、和谐的工作环境。

**（六）离职管理**

离职管理在劳动关系管理中具有重要的作用。它并不仅局限于处理员工离职后的相关事务，更重要的是对离职原因进行深入分析，以便针对性地改进劳动关系管理。通过与离职员工进行诚恳的面谈，组织可以了解他们在工作中遇到的困难、不满或是其他离职因素，从而在今后的管理中做出积极的改进和调整。此外，对于离职员工的管理还包括积极维护与他们之间的良好关系，以便在未来的合作中提供可能的帮助。这种管理方式不仅体现了组织对员工的尊重和关怀，还有助于构建一个更加和谐、稳定的劳动关系环境。因此，劳动关系管理应重视离职管理策略的执行，以实现员工和组织的共同发展。

**（七）劳动争议处理**

劳动争议处理是劳动关系管理中不可忽视的环节。在组织运营过程中，由于各种原因，难免会遇到劳动争议的情况。对于这些争议，组织需要有专门的制度和人员来负责处理，确保公平、公正、合理地解决争议。在处理劳动争议时，应当遵循国家和地方的劳动法规、政策以及组织的相关规定，同时要注重保护员工的权益，维护组织的形象和信誉。这不仅有助于维护劳动关系的稳定和谐，也有利于提高员工对组织的忠诚度。因此，劳动关系管理应重视劳动争议处理的制度建设和实践操作，确保组织和员工的权益得到有效保障。

## 第四节 人力资源的职业生涯管理

### 一、职业生涯的含义

职业生涯是指在一个人从事各种职业的经历和历程。在组织中，职业生涯通常指的是员工在组织内的职业发展过程，包括个人在组织中的职位晋升、职责变化、技能提升等方面。

职业生涯是一个人成长和发展的重要阶段。对于员工而言，他们在组织中的职业生涯不仅是为了获得薪水和福利，还是为了实现自我价值和追求成就感。对于组织而言，员工的职业生涯是组织发展的重要组成部分，通过员工的职业发展，可以提高组织的竞争力和绩效。在组织中，职业生涯通常受到多种因素的影响，包括组织的文化、战略、结构，员工的能力和兴趣等。组织通常会根据员工的能力和表现，为他们提供不同的职业发展机会和培训计划，以帮助他们实现职业目标。同时，员工也会根据自己的能力和兴趣，选择适合自己的职业方向和发展计划。

总之，职业生涯是一个人在组织中成长和发展的重要阶段，它不仅关系到员工的个人发展，还关系到组织的发展和成功。因此，组织和员工都需要重视职业生涯，并为其投入更多的时间和精力。

### 二、职业生涯管理的含义

组织中的职业生涯管理是指组织通过一系列有计划、有组织、有系统的策略和活动，对员工的职业生涯进行规划、指导和支持的过程。这个过程旨在帮助员工实现自身的职业目标，提升职业能力，提高工作满意度和绩效，同时也能满足组织对人才的需求，实现组织和个人的共同发展。职业生涯管理对于组织和员工都具有重要的意义。对于员工而言，职业生涯管理可以帮助他们了解自己的优势和不足，确定自己的职业方向，制订职业发展计划，提高自身能力，实现自我价值；对于组织而言，职业生涯管理可以了解员工的需求和期望，制定人力资源战略，提高员工满意度和绩效，实现组织目标。

职业生涯管理是组织中非常重要的一项工作。通过有效的职业生涯管理，组织和员工可以相互促进、共同发展，实现组织和个人的双赢。同时，职业生涯管理也需要组织和员工的共同参与和努力，这样才能取得更好的效果。

## 三、职业生涯管理的作用

组织中的职业生涯管理是一种全面、系统的方法，旨在帮助员工实现职业目标，并促进组织和个人的共同发展。以下是职业生涯管理在组织中发挥的主要作用。

### （一）帮助员工实现职业目标

职业生涯管理对于帮助员工实现职业目标具有重要作用。通过了解员工的职业兴趣、能力和目标，组织可以为其提供适合的职业发展机会和培训，帮助员工实现自己的职业目标。这种个性化的关注和支持可以增强员工的自信心和动力，从而提高工作满意度。

第一，职业生涯管理可以帮助员工明确自己的职业方向和目标。通过与员工的沟通交流，组织可以了解员工的职业兴趣和能力，并为其提供针对性的职业发展建议和规划。这有助于员工更好地认识自己的职业定位和发展空间，避免盲目发展和走弯路。第二，职业生涯管理可以提供培训和发展机会。组织可以根据员工的职业目标和需求，为其提供各种培训和学习机会，帮助员工提升技能和能力，增强自信心和动力。这些培训和发展机会可以包括内部培训、外部研讨会、在线课程等，以满足不同员工的需求。第三，职业生涯管理可以建立良好的职业发展通道和晋升机制。组织通过制定明确的职业发展路径和晋升标准，为员工提供公平公正的竞争机会和激励措施。这有助于员工看到自己在组织中的未来发展空间，从而更加积极地投入工作并追求更高的成就。

组织职业生涯管理对于帮助员工实现职业目标具有重要作用。通过明确职业方向、提供培训和发展机会以及建立良好的职业发展通道和晋升机制，组织可以帮助员工实现自己的职业目标，提高工作满意度和绩效。为了更好地发挥职业生涯管理的作用，组织需要深入了解员工的职业兴趣和能力，为其提供个性化的支持和指导。同时，员工也需要积极参与职业生涯管理过程，与组织合作制订职业发展计划并付诸实践。只有在组织和员工的共同努力下，职业生涯管理才能取得更好的效果。

### （二）增强员工的自我效能感

第一，组织职业生涯管理对于帮助员工增强自我效能感具有重要作用。自我效能感是指员工对自己能够成功完成某项任务或达到某个目标的信念和自信心。通过职业生涯管理，组织可以采取一系列策略和行动，帮助员工提高自我效能感，进而提高工作满意度。第二，职业生涯管理可以帮助员工了解自己的优势和不足。通过提供职业咨询和指导，组织可以帮助员工全面了解自己的技能、知识和经验，以及在组织中的角色和定位。这有助于员工更好地认识自己的优势和不足，并制订针对性的职业发展计划。第三，职业生涯管理可以提供挑战性的工作任务和角色。组织可以针对员工的职业发展目标，为其提供具有挑战性的工作任务和角色，帮助员工拓展自己的能力和技能。这些挑战性的任务和角色可以包括承担重要项目、参与跨部门合作、担任高级职位等，以激发员工的潜力和创造力。第四，职业生涯管理可以给予员工积极的反馈和奖励。组织可以建立完善的绩效管理和奖励机制，对员工的努力和成果给予积极的反馈和奖励。这有助于员工认识到自己的进步和成就，并增强自信心和自我效能感。

### （三）增强员工的合作意识

组织职业生涯管理对于增强员工的合作意识具有重要作用。合作意识是指员工在工作中能够积极与他人协作，共同实现组织目标的意识。通过职业生涯管理，组织可以采取一系列策略和行动，增强员工的合作意识，提高组织的协同效应。

第一，职业生涯管理可以促进员工之间的交流和互动。组织可以建立积极向上的工作氛围，鼓励员工之间进行交流和互动。通过定期的团队会议、跨部门合作项目、经验分享等活动，员工可以更好地了解他人的工作、经验和需求，从而增强合作意识。第二，职业生涯管理可以培养员工的团队合作技能。组织可以针对员工的职业发展需要，为其提供团队合作相关的培训和指导。这可以帮助员工了解如何在团队中发挥自己的优势、解决冲突和达成共识，提高团队合作的效率和成果。第三，职业生涯管理可以建立明确的团队合作目标和机制。组织可以制定明确的团队合作目标和机制，包括共同愿景、目标设定、任务分配、进度评估等。这有助于员工明确自己的角色和责任，并与其他团队成员形成默契，共同实现组织目标。

这些策略可以帮助组织增强员工的合作意识，提高组织的协同效应。为了更好地发挥职业生涯管理的作用，组织需要深入了解员工的职业兴趣和能力，并为其提供个性化的支持和指导。同时，员工也需要积极参与职业生涯管理过程，与组织合作制订职业发展计划并付诸实践。只有在组织和员工的共同努力下，职业生涯管理才能取得更好的效果。

### （四）提高员工的工作热情

组织职业生涯管理对于提高员工工作热情具有重要作用。通过了解员工的职业兴趣和能力，组织可以为其提供适合的职业发展机会和培训，激发员工的工作热情。这种管理方式可以提高员工的工作满意度，增强组织的绩效和竞争力。

第一，职业生涯管理可以帮助员工实现自己的职业目标。当员工明确自己的职业方向并看到自己在组织中的发展前景时，他们会更加积极地投入工作，并愿意为实现组织的目标付出更多的努力。这种积极的态度和热情可以推动员工超越自我，追求更高的成就。第二，职业生涯管理可以提供培训和发展机会。组织可以根据员工的职业目标和需求，为其提供各种培训和学习机会，帮助员工提升技能和能力，增强其自信心和动力。这些培训和发展机会可以包括内部培训、外部研讨会、在线课程等，以满足不同员工的需求。这些培训和发展机会不仅可以帮助员工提升自身能力，还可以增强员工对组织的归属感，从而提高员工的工作热情。第三，职业生涯管理可以建立良好的职业发展通道和晋升机制。组织通过制定明确的职业发展路径和晋升标准，可以为员工提供公平公正的竞争机会和激励措施。同时，这种机制还可以激励员工不断提高自己的能力和素质，以适应组织的发展需求。

### （五）建立良好的组织文化

职业生涯管理对于建立良好的组织文化具有重要作用。组织文化是指组织内部共同遵循的一套价值观念、信仰、行为准则和习惯等，它影响着员工的态度和行为，以及组织的稳定性和发展潜力。通过职业生涯管理，组织可以建立积极向上、富有活力的组织文化，提高员工的归属感和忠诚度，促进组织的可持续发展。

第一，职业生涯管理可以帮助员工建立共同的价值观和目标。当员工在职业生涯规划和管理过程中了解组织的愿景、目标和价值观时，他们可以更好地融入组织并建立共同的价值观和目标。这种共同的价值观和目标可以提高员工的工作满意度和绩效。第二，职业生涯管理可以促进员工之间的交流和合作。通过制定明确的职业发展路径和晋升机制，组织可以鼓励员工之间进行合作和互相支持。这种合作精神可以传递到整个组织中，从而形成良好的团队氛围和合作文化，进一步提高员工的工作效率，促进组织的稳定发展。第三，职业生涯管理可以激发员工的创造力和创新精神。当员工在职业生涯规划和管理过程中了解自己的能力和潜力时，他们将更加积极地参与组织的创新和变革。这种创造力和创新精神可以推动组织不断进步和发展，提高组织的竞争力和适应性。

### （六）实现组织与个人的共同成长

组织职业生涯管理对于实现组织和个人的共同发展具有重要作用。通过了解员工的职业兴趣和能力，组织可以为其提供适合的职业发展和培训机会，提高员工的工作热情。这种管理方式可以帮助组织实现业务目标，提高绩效和竞争力，同时也可以促进员工的个人成长和发展。

第一，职业生涯管理可以帮助组织实现业务目标。通过了解员工的职业兴趣和能力，组织可以为其提供适合的职业发展机会和培训，提高员工的工作满意度和绩效。这些高绩效的员工可以推动组织实现业务目标，提高组织的竞争力。第二，职业生涯管理可以促进员工的个人成长和发展。当员工在职业生涯规划和管理过程中了解到自己的职业方向和发展空间时，他们可以更加积极地投入工作。这种积极的态度和热情可以推动员工不断提高自己的能力和素质，实现个人成长和发展。第三，职业生涯管理可以实现组织和个人的共同发展。当组织和个人的目标一致时，可以相互促进和支持。组织可以为员工提供职业发展机会和培训，以满足员工的个人成长需求，同时也可以提高组织的绩效和竞争力。这种共同发展可以帮助组织建立良好的组织文化和工作氛围，提高员工的归属感和忠诚度，促进组织的可持续发展。

## 四、职业生涯管理的原则

组织中的职业生涯管理是帮助员工实现职业目标、提高工作满意度和留住人才的关键。为了有效地进行职业生涯管理，组织需要遵循以下原则。

### （一）员工导向原则

职业生涯管理应以员工为导向，充分了解员工的职业兴趣、能力和发展需求，并以此为基础制订个性化的职业发展计划。员工是组织最重要的资产之一，他们的职业发展将直接影响组织的未来发展。因此，组织需要关注员工的职业发展需求，为他们提供符合个人特点的职业发展机会和培训，包括对员工的技能、知识和经验进行评估，以确定他们的职业发展方向和目标。同时，组织还需要为员工提供持续的职业发展机会，如培训课程、职业规划辅导和内部晋升机会等。

### （二）组织目标与个人目标相结合原则

职业生涯管理应将组织目标和员工个人目标相结合，实现共赢。组织的目标和战略是职业生涯管理的重要基础，而员工的个人目标则是职业生涯发展的关键因素。组织需要与员工沟通并协商制订符合组织战略和个人目标的职业发展计划，以增强员工的归属感。这需要将员工的职业发展目标与组织的战略目标相结合，确保员工的职业发展目标与组织的整体目标相一致。同时，组织还需要为员工提供具有挑战性的工作任务和角色，以帮助他们实现个人目标并促进组织成功。

### （三）动态管理原则

职业生涯管理是一个动态的过程，需要不断调整和优化。员工的职业发展是一个不断变化的过程，组织需要根据员工在不同阶段的需求和表现，及时调整职业发展计划和提供相应的支持。同时，组织也需要根据市场和行业的变化及时调整战略和目标，以保持竞争力和实现可持续发展。这需要组织建立一个动态的职业生涯管理体系，其中应包括定期评估员工的绩效和能力提升情况、提供反馈和指导、调整职业发展计划等。此外，组织还需要为员工提供持续的职业发展机会，如培训课程、内部晋升机会和跨部门轮岗等。

### （四）多元化发展原则

职业生涯管理应支持员工的多元化发展。组织需要认识到不同员工有不同的职业兴趣和发展需求，应为他们提供多元化的职业发展路径和机会，以激发员工的潜力和创造力。这需要组织建立一个多元化的职业发展体系，其中应包括多元化的职业发展路径、多元化的培训和学习机会以及多元化的晋升机会等。此外，组织还需要鼓励员工探索不同的职业领域和角色，以促进他们的多元化发展。

### （五）激励与约束相结合原则

职业生涯管理应采用激励与约束相结合的方式，以提高员工的工作积极性。激励包括提供奖金、晋升机会、表彰和奖励等，可以激发员工的创造力；约束则包括制定规章制度、绩效考核和监督等，可以规范员工的行为和提高员工工作效率。组织需要根据实际情况灵活运用激励和约束手段，以达到最佳的管理效果。

这需要组织建立一个综合的激励约束机制，其中包括明确的绩效考核和奖励制度、个性化的晋升机会以及公正的表彰和奖励等。同时，组织还需要加强对员工的监督和管理，以确保员工的工作符合组织的规章制度和战略目标。

### （六）培训与开发原则

职业生涯管理应注重员工的培训与开发，为员工提供各种学习和发展的机会。培训包括技能培训、知识培训、领导力培训等，可以帮助员工提高能力和素质；开发则包括潜能开发、职业规划、创新能力培养等，可以激发员工的潜力和创造力。组织需要将培训与开发贯穿于员工的整个职业生涯中，以帮助他们不断成长和进步。这需要组织建立一个完善的培训与开发体系，其中应包括定期的培训课程、在线学习平台、内部导师制度等。同时，组织还需要加强对员工的潜能开发和职业规划辅导，以帮助他们实现个人目标并促进组织的成功。

### （七）公平公正原则

职业生涯管理应遵循公平公正原则，避免出现偏袒或不公平现象。组织需要制定明确的政策和制度，以确保所有员工都有平等的机会参与职业生涯管理过程。同时，组织的决策应基于客观的评估和评价结果，而不是个人偏见或主观判断。这需要组织建立一个公平公正的评估体系，其中应包括明确的评估标准和流程、公正的晋升机会和奖惩制度等。同时，组织还需要加强对员工行为的监督和管理，以确保他们在职业生涯管理过程中遵守公平公正原则。

## 五、职业生涯管理的内容

### （一）职业规划

职业规划是个人职业发展至关重要的环节，也是组织进行职业生涯管理的根基。它并不仅是员工个人的事情，还是员工与组织共同参与和协商的过程。员工需要对自己的兴趣、技能、价值观和职业倾向等有清晰的认识，同时组织也需要提供相应的培训和支持，帮助员工更好地进行自我评估。在设定职业目标时，员工需要结合自我评估的结果，根据组织的战略目标，确立可行的职业发展目标。这个过程需要员工有足够的自主权和空间，自主设定并追求自己的职业目标。同时，组织也需要给予员工一定的支持和引导，帮助员工将个人目标与组织目标相结合。选择适合的发展途径是实现职业目标的关键，员工需要根据自身的特点和职业目标，选择适合自己的发展途径，包括培训、学习、实践和导师等多种方式；

组织则需要提供相应的资源和支持，帮助员工更好地发展自己。制定评估标准是确保职业规划成功实施的关键环节，员工需要与组织协商制定具体的评估标准，以便对职业发展的成果进行量化和评估。这有助于及时发现问题并加以解决，同时也可以为员工的晋升和奖惩提供有力的依据。

**（二）职业发展**

职业发展是职业生涯管理的核心，它贯穿于员工的整个职业生涯。员工的职业发展是一个不断学习和成长的过程，包括各种培训、学习和经验积累活动。这些活动不仅可以帮助员工提升技能和能力，还可以增加他们的知识储备。

职位晋升是职业发展的一个重要方面。当员工在组织中表现出色时，组织会给予他们更高的职位和更多的责任。这不仅是对员工能力的认可，还是对他们未来发展的期望。职位晋升可以激励员工更加努力地工作，以争取更好的职业发展机会。岗位调整也是职业发展的一部分。随着组织的发展和变化，员工的岗位也需要随之调整。组织需要提供员工各种职业发展机会，如内部培训、外部研讨会、专业认证和进修学习等，以帮助员工适应新的岗位需求。这些机会可以让员工不断提升自己的能力和技能，以更好地适应组织的发展。薪资提升是职业发展的另一个方面。当员工在组织中表现出色并得到晋升或调整岗位时，他们的薪资也会随之提升。薪资提升可以激励员工更加努力地工作，提高他们的工作积极性和满意度。

**（三）职业转型**

职业转型是员工职业生涯中不可避免的一个阶段。随着年龄的增长，员工可能会面临各种变化，如技能的老化、对新技术的掌握不足、职业发展的瓶颈等。这些变化可能会导致员工对自己的职业发展感到困惑和迷茫，甚至产生职业转型的需求。职业转型不仅涉及员工个人的职业发展，还直接关系到组织的整体绩效和长远发展。因此，组织需要提供相应的支持和帮助，以帮助员工顺利完成职业转型。

组织可以提供职业转型指导服务，帮助员工了解自己的职业发展现状和未来发展方向，为他们提供职业规划和发展建议。这可以帮助员工更好地认识自己和职业市场，为他们的职业转型提供有力的指导和支持。组织可以提供心理咨询服务，帮助员工缓解职业转型过程中的心理压力和焦虑。这可以帮助员工更好地适应职业转型后的工作和生活，提高他们的心理韧性和适应能力。组织还可以提供再就业支持和转型后的岗位调整等帮助，这可以使员工更好地适应新的工作环境和岗位需求，提高他们的工作能力和竞争力。

### （四）退休管理

退休是员工职业生涯的结束阶段，也是组织对员工辛勤工作的一种回馈。在这个阶段，组织需要提供相应的退休计划和管理方案，以确保员工在离开工作岗位后仍能享有应有的福利和保障。

组织需要制订详细的退休计划，包括退休金发放、健康保险、福利和服务等方面的安排。退休金是员工退休后的重要生活来源之一，组织需要确保退休金的发放标准和方式符合国家和地区的法律法规要求，同时也要考虑员工的具体工作表现和贡献；健康保险是员工退休后医疗保障的重要来源之一，组织需要确保健康保险的覆盖范围和报销比例等能够满足员工的需求；福利和服务方面，组织可以提供一些实用的服务，如交通补贴、住房补贴、旅游福利等，以帮助员工更好地适应退休生活。组织还可以提供一些退休后的活动和支持，如社交活动、健康讲座和退休顾问服务等。这些活动和支持可以帮助员工更好地适应退休生活，提高他们的生活质量。例如，社交活动可以让他们与同事和朋友保持联系，分享彼此的生活经验和快乐；健康讲座可以让他们了解如何保持身体健康、预防疾病等知识；退休顾问服务可以提供专业的咨询服务，帮助他们解决生活中的问题。

### （五）继任计划和人才储备

继任计划和人才储备是组织未来发展的关键环节之一，也是组织持续发展的重要保障。它们直接关系到组织的未来领导力和关键岗位的接替问题，需要引起高度重视并提前进行规划和准备。在继任计划方面，组织需要确定关键岗位的继任人选，并制订相应的选拔和培养计划。这不仅需要关注员工的能力和表现，还需要考虑他们的潜力和未来的发展方向。组织可以通过各种方式来发掘和培养高潜力的员工，如提供特殊的培训和发展计划、实习和项目经验等，以便为组织的未来发展提供足够的人才储备。同时，人才储备也是继任计划的重要组成部分。组织需要关注员工的职业发展需求，为他们提供个性化的职业发展规划指导和培训机会，以提高他们的工作技能和能力。此外，组织还可以通过建立人才库、招聘外部人才等方式来增加人才储备，以满足组织未来发展的需求。

继任计划和人才储备是组织未来发展的重要保障之一。组织需要通过各种方式来发掘和培养高潜力的员工，并建立有效的人才储备机制，为组织的未来发展提供有力的人才支持。

# 第五章　党校干部培养应用

在深入探讨了人力资源管理的基本理论和方法之后，我们有必要转向实际的应用场景。党校作为党的思想理论研究和传播的重要阵地，其干部培训工作不仅涉及个人的成长，更关系到党的建设和发展。党校也是培养党的领导干部的重要基地，其培训内容和方法深受人力资源管理理论的影响。本章为党校干部培养应用，将分别从干部培训需求分析理论、我国领导干部能力结构分析、我国党校培养模式和提升党校干部培训管理水平的思路与对策四个方面进行介绍。

## 第一节　干部培训需求分析理论

### 一、培训需求分析的概念

培训需求分析是指在规划与设计每项培训活动之前，由培训部门的相关工作人员采用各种方法和技术，对组织及其成员的目标、知识、技能等方面进行系统的分析与鉴别，以确定培训需求及培训内容。它既是培训目标和培训规划确定的前提，也是进行整个培训的基础性活动。因此，培训需求分析是培训活动的首要环节。

培训需求分析中要考量学员背景、所具备的技能和学习态度、学员的培训诉求、其他外部环境因素等要素，其最终目的在于确定培训内容，调配培训资源，以取得各方支持。

### 二、干部培训需求分析的内容

培训需求这一概念包含两个层次的含义。一方面，它指的是培训的需求度，即受训者对培训重要性和必要性的主观认识。这种需求度的大小，往往与两个关键因素息息相关：一是人对自身素质现状的清晰认识；二是人对外部环境的深入理解。只有在这两个因素的作用下，人才会激发出强烈的改造自己、提升自身素质的内在需求。

另一方面，培训需求指的是对培训内容的选择和要求，这反映了受训者对于培训实用性和针对性的主观评价。这种需求可以划分为两大类型：一类是显性需求，即受训者基于自身的知识结构和思维水平，所需要或者期望接受的培训内容；另一类是潜在需求，即受训者因受到主客观因素的制约，目前尚未得到普遍认同，但却是客观形势发展所必须了解和掌握的内容。

干部的培训需求随着时代的发展、社会的变迁以及个人知识结构的改变而不断变化。一方面，显性需求在不断变化；另一方面，潜在需求将逐渐上升为新的显性需求，并继续产生新的潜在需求。

干部培训的内容一般包括政治理论、业务知识、专业知识和管理技能等知识板块。应当看到，现代科技知识在实际工作中的作用越来越突出。因此，应将现代科技知识作为干部教育培训的一项重要内容，并以理论联系实际，充实干部教育培训的内容。同时，要结合现代科技知识，努力激发学员的创造性思维、创造能力和创新精神。

除了传统的讲授形式，当前的干部教育培训形式还可以分为两大类别：一是模拟式培训，涵盖了课堂模拟式的教学方法及室外拓展训练的实践形式，这种培训方式是理论联系实际的有效途径；二是研究式培训，即将实际工作中的问题直接作为干部培训的针对性内容，通过培训和学习解决实际工作中的问题，同时提升学员的综合素养，这种培训方式是理论联系实际的直接手段。

应当看到，单位组织、人事部门有计划地安排干部进入各级党校或干部院校进行培训学习，仍是我国干部教育培训的主要形式。此外，还可以采取与其他单位甚至国外组织合作办班的培训形式，使干部能够直接接触、交流并学习其他单位的先进管理理念、经验和技术。广泛开展网络培训也是一种创新的干部教育培训模式。

## 三、干部培训需求分析的理论依据

### （一）三层分析理论

三层分析理论是一种在企业管理、市场研究等领域广泛应用的分析方法，该理论认为在确定个人或组织的培训需求时，可以从三个层次进行分析，分别是组织分析、职务分析和人员分析。

1. 组织分析

组织分析是确定培训需求的宏观层面，主要关注组织的目标、战略、环境和绩效。这个层面的分析可以帮助我们理解组织在实现其目标过程中需要什么样的培训和支持。具体来说，组织分析可以包括以下方面。

（1）组织的长期和短期目标是什么，为了实现这些目标，组织需要具备哪些核心能力和技能；

（2）组织的战略是什么，为了支持这些战略的实施，需要哪些培训和发展；

（3）组织的环境是怎样的，外部环境的变化对组织的培训需求有哪些影响；

（4）组织的绩效如何，是否存在某些关键绩效指标需要改进。

在党校干部培训中，通过组织分析，我们可以深入理解党校的战略目标和政策要求，从而明确干部需要具备的核心能力和技能。党校作为党的思想理论宣传和干部培养的重要阵地，其战略目标应该与党的方针政策保持高度一致。因此，为了推动党的各项方针政策的贯彻落实，党校应培养一批具备高度政治觉悟、扎实理论功底和卓越执行能力的干部。

在培训中，我们需要注重政治理论、政策解读、领导力等方面的培训，以提升干部的政治素养和政策执行力。政治理论是党校干部培训的重要内容之一，可以帮助干部深入理解党的指导思想和基本理论，提高他们的政治觉悟和理论素养。同时，政策解读也是非常重要的培训内容，可以帮助干部深入理解党的方针政策，提高他们的政策执行能力。此外，领导力培训也是必不可少的，可以帮助干部提高领导能力和管理水平，更好地履行职责。通过组织分析，我们可以明确党校的战略目标和政策要求，进而确定干部需要具备的核心能力和技能。在干部培训中注重政治理论、政策解读、领导力等方面的培训，不仅可以提高干部的政治素养和政策执行力，还可以为党校事业的发展注入新的活力。

2. 职务分析

职务分析是确定培训需求的中间层面，主要关注职位的职责、任务和绩效。这个层面的分析可以帮助我们理解在特定职位上，员工需要具备哪些技能和知识才能胜任工作。具体来说，职务分析可以包括以下方面。

（1）该职位的主要职责是什么，这些职责对组织的成功有何重要性；

（2）该职位需要完成哪些任务，员工需要具备哪些技能和知识才能完成任务；

（3）该职位的绩效如何衡量，是否存在某些关键绩效指标需要改进；

（4）该职位的工作流程如何，是否存在某些流程需要优化。

在党校干部培训中，通过职务分析，我们可以深入了解不同职位的干部所需要具备的知识、技能和能力，从而为他们提供更加具有针对性的培训。在党校干部培训中，不同职位的干部所需要具备的能力和技能是不同的。例如，对于负责政策执行的干部，我们需要重点培养他们的政策解读能力、组织协调能力、沟通表达能力。其中，政策解读能力是关键，可以帮助他们准确地理解政策内容，从而更好地执行政策；组织协调能力可以帮助他们有效地协调各方面的资源，提高工作效率；沟通表达能力可以帮助他们清晰地传达政策内容，确保政策的贯彻落实。

对于负责决策的干部，我们需要注重培养他们的战略思维、创新能力和领导力。其中，战略思维可以帮助他们制定长远的发展规划和战略目标，为组织的发展指明方向；创新能力可以帮助他们不断探索新的思路和方法，为组织的发展注入新的动力；领导力可以帮助他们更好地领导团队、推动创新和应对挑战。通过职务分析，我们可以为他们提供更加具有针对性的培训，这样不仅可以提高干部的工作效率，还可以帮助他们更好地履行职责。

3．人员分析

人员分析是确定培训需求的微观层面，主要关注个人的知识、技能和能力。这个层面的分析可以帮助我们理解个人在完成职责和任务方面存在哪些不足，以及需要什么样的培训来提高其绩效。具体来说，人员分析可以包括以下方面。

（1）员工目前的知识和技能水平如何，是否存在某些方面的不足；

（2）员工的学习风格和动机是什么，什么样的培训内容和学习方式最能激发他们的学习兴趣；

（3）员工的绩效如何，是否存在某些关键绩效指标需要改进；

（4）员工的职业发展目标是什么，是否需要额外的培训来支持他们的职业发展。

在党校干部培训中，通过人员分析，我们可以深入了解每个干部的知识和技能水平、学习风格和动机等，从而为他们提供更加个性化的培训内容和方式。在党校干部培训中，每个干部都有不同的学习需求和学习风格，因此需要为他们提供个性化的培训内容和方式。例如，对于学习风格偏重于听觉的干部，我们可以采用讲解、讲座、案例分析等方式进行培训，帮助他们更好地理解和掌握知识；对于学习风格偏重于视觉的干部，我们可以采用幻灯片演示、视频教学等方式进行培训，帮助他们更好地理解和掌握知识。

此外，我们还可以根据干部的学习动机和兴趣爱好等，为他们提供更加符合他们需求的培训内容和方式。例如，对于对政策解读感兴趣的干部，我们可以为他们提供更加深入的政策解读培训；对于对领导力感兴趣的干部，我们可以为他们提供更加深入的领导力培训。这样不仅可以提高干部的学习兴趣和学习效果，还可以为他们的职业发展提供有力的支持。通过人员分析，我们可以为他们提供更加个性化的培训内容和方式，这样可以更好地满足干部的学习需求，提高他们的学习兴趣。

总之，三层分析理论是一种系统性的培训需求分析方法，可以帮助我们全面地理解组织的培训需求，并为党校干部培训提供有力的支持。通过组织分析、职务分析和人员分析，我们可以更好地确定党校干部培训的目标和内容，为组织的长期发展提供坚实的人才保障。

### （二）基于意图的培训需求分析理论

随着社会的快速发展和知识更新速度的加快，干部培训已成为组织发展的重要组成部分。在党校系统中，干部培训需求分析更是至关重要的一环。如何科学、准确地确定干部的培训需求，一直是党校培训工作的重点研究领域。以下将介绍一种基于意图的培训需求分析理论，并探讨其在党校干部培训需求分析中的应用。

1. 理论内容

基于意图的培训需求分析理论是一种以目标为导向的需求分析方法，它强调通过理解组织或个人的意图和目标来确定培训需求。该理论的核心思想是，组织或个人有明确的目标和意图，而培训是为了帮助组织或个人实现这些目标和意图。因此，该理论重视对组织或个人的目标和意图进行分析，以确定具体的培训需求。

该理论的分析步骤通常包括以下几个方面。

（1）明确目标和意图。要明确组织或个人的目标和意图，包括组织的战略目标、个人的工作职责等。这些目标既可以是对未来的发展规划，也可以是特定任务的实现，或是根据组织文化、员工发展等内部因素制定的具体目标。

（2）分析目标和意图。对目标和意图进行分析，明确实现这些目标所需要的知识、技能和能力。这一步骤需要深入理解组织或个人的目标和意图，并考虑相关因素，如行业趋势、市场竞争、技术发展等。

（3）确定培训需求。根据分析结果，确定具体的培训需求，包括培训的内容、培训的对象和培训的时间等。这一步骤需要全面考虑组织或个人的实际情况和培训资源，确保培训需求的针对性和可行性。

（4）设计培训方案。根据确定的培训需求，设计相应的培训方案，包括培训内容、培训方式、培训师资等。这一步骤需要注重方案的实际操作性和实施效果，确保培训方案的有效性和可持续性。

2. 在党校干部培训需求分析中的应用

在党校干部培训中，基于意图的培训需求分析理论可以应用于以下几个方面。

（1）明确党校战略目标意图。要明确党校的战略目标和干部培养意图。这包括对党的方针政策、组织文化和发展战略的深入理解，以及根据这些因素制定具体的干部培养目标。例如，党校可以根据党的政策方向和组织发展需求，制订针对特定领域或特定级别的干部培养计划。

（2）分析党校干部培养目标职责。对党校干部培养目标和干部工作职责进行分析。这包括深入理解干部的工作职责、工作流程和绩效评估等因素，以及根据这些因素确定干部所需的知识、技能和能力。例如，针对担任特定领导职务的干部，可以分析他们应具备的政策解读能力、团队管理能力和决策能力等。

（3）确定干部培训需求。根据分析结果，确定具体的干部培训需求。这包括培训的内容、培训的对象和培训的时间等。例如，针对政策解读能力的不足，可以设计相应的政策解读课程，并针对特定群体进行定期的培训。

（4）设计干部培训方案。根据确定的干部培训需求，设计相应的干部培训方案。这包括培训内容、培训方式、培训师资等。例如，可以采用案例分析、角色扮演和互动讨论等方式进行培训，以帮助干部更好地理解和应用所学知识。

（5）评估和反馈。在实施干部培训方案后，需要对培训效果进行评估和反馈。这包括对干部的学习成果进行测试和评价，以及根据评价结果对培训方案进行调整和优化。例如，可以通过考试、绩效评估等方式对干部的学习成果进行评估，并根据评估结果进行针对性的反馈和调整。

3. 应用价值与展望

基于意图的培训需求分析理论在党校干部培训需求分析中具有重要的应用价值。首先，该理论可以帮助党校干部培训机构更加科学、准确地确定干部的培训需求，提高培训的针对性和有效性。其次，该理论可以帮助党校干部培训机构更好地了解干部的学习需求和学习风格，为制订更加个性化的培训计划提供支持。最后，该理论可以帮助党校干部培训机构增强培训效果和质量，为党校事业的发展提供有力的人才保障。

未来随着社会的发展和知识的更新，基于意图的培训需求分析理论将在实践中不断发展和完善。随着大数据和人工智能等技术的引入和应用，该理论有望在数据分析和预测等领域发挥更大的作用。同时，随着党校系统的不断发展和完善，该理论在党校干部培训需求分析中的应用也将进一步深化和拓展。未来可以进一步探讨如何将该理论与党校干部培训的实际情况相结合，以实现更加科学、精准的干部培养目标。

### （三）需求层次理论

需求层次理论是由美国心理学家亚伯拉罕·马斯洛提出的，该理论提出人类的需求是从低到高逐层递进的，分别是生理需求、安全需求、社交需求、尊重需求和自我实现需求。这五种需求层次像阶梯一样从低到高，逐层递进，一般情况下，只有当低层次的需求得到满足后，人们才会追求更高层次的需求。

在党校干部培训需求分析中，应用需求层次理论可以帮助我们更好地了解和分析干部的需求，提高培训的针对性和有效性。

1. 生理需求和安全需求

在生理需求和安全需求方面，党校干部培训需要考虑提供基本的物质条件，如良好的教学设施、舒适的住宿条件、营养均衡的餐饮等，以满足干部的基本生活和工作需求。此外，培训还需关注干部的安全需求，确保培训过程中的安全和稳定。

2. 社交需求

在社交需求方面，党校干部培训应关注干部的社交需求，通过开展小组讨论、案例分析、互动交流等活动，为干部提供良好的社交环境。这些活动可以帮助干部建立良好的人际关系，促进信息交流和知识共享，提高团队协作能力。

3. 尊重需求

在尊重需求方面，党校干部培训应关注干部的自尊心和自信心。培训可以通过鼓励、认可和奖励等方式，激发干部的学习积极性和主动性。同时，培训还需注重培养干部的自我认知和自我管理能力，帮助他们更好地发挥自己的潜力和才能。

4. 自我实现需求

在自我实现需求方面，党校干部培训应关注干部的个人发展和职业规划。培训可以通过提供具有挑战性的学习任务和培训项目，激发干部的创造力和创新能力。同时，培训还需帮助干部了解自己的职业发展方向和目标，提供个性化的职业规划建议和指导。

5. 综合应用

在实际应用中，党校干部培训需求分析可以综合运用需求层次理论的多层次性。首先，通过问卷调查、访谈等方式了解干部的总体需求和个体差异，对培训内容和方法进行初步筛选和设计。其次，结合组织战略目标和干部个人发展规划，确定培训的重点方向和具体内容。最后，根据培训效果评估和反馈，不断优化和完善培训方案，以满足干部不同层次的需求。

此外，针对不同层次的需求，党校干部培训还可以采取不同的策略和方法。例如，对于生理需求和安全需求的满足，可以通过改善教学设施和生活条件等物质手段来实现；对于社交需求和尊重需求的满足，可以通过营造良好的学习氛围、建立和谐的师生关系、加强团队建设等非物质手段来实现；对于自我实现需求的满足，则可以通过提供具有挑战性的学习任务、实施个性化职业规划指导等手段来实现。

需求层次理论在党校干部培训需求分析中具有重要的应用价值。通过运用该理论，我们可以更好地了解和分析干部的需求特点和发展方向，提高培训的针对性和有效性。同时，结合实际情况综合运用不同层次的需求策略和方法，这将有助于提升党校干部培训的整体质量和效果。

### （四）行为主义学习理论

行为主义学习理论，又被称为行为学习理论，起源于20世纪初，由美国心理学家约翰·华生提出。该理论主张学习是经过反复练习和强化形成的行为。根据行为主义学习理论，人类的学习过程就是通过接收外界刺激，然后做出反应，并得到反馈或强化，从而使行为得以形成或改变的过程。

在党校干部培训中，行为主义学习理论的应用非常广泛，主要包括以下四个方面。

1. 确定培训目标

在确定培训目标时，行为主义学习理论强调干部需要建立和巩固哪些行为习惯。例如，如果党校希望提高干部的组织协调能力，那么培训目标应该围绕如何建立和巩固组织协调的行为习惯来设计，包括培养干部有效沟通、协调资源、解决冲突等方面的技能和行为。通过培训，使干部能够更好地适应工作环境，提高工作效率。

2. 设计培训内容

根据培训目标，我们需要设计相应的培训内容和课程。例如，如果党校希望培养干部的公众演讲能力，那么可以设计相关的演讲课程和练习。这可能包括公众演讲技巧、如何准备演讲稿、如何处理观众反馈等方面的内容。通过这些课程和练习，可以帮助干部掌握演讲技巧并提高演讲能力。此外，还可以设计角色扮演、模拟演练等实践活动，使干部在实际场景中学习和成长。

3. 制订培训计划

在制订培训计划时，我们需要考虑如何建立和巩固他们的行为习惯。这可以通过制订一系列的培训计划来实现，包括讲座、角色扮演、案例分析等多种形式。同时，完善相应的奖励和惩罚措施也是强化干部行为反应的重要手段。奖励可以激励干部积极参与培训活动，而惩罚则可以提醒干部不良行为的影响有哪些。

在制订培训计划时，还要考虑干部的个体差异和学习风格。不同的干部有不同的学习需求和学习方式，因此需要设计多样化的培训形式和内容。例如，对于视觉型学习者，可以提供图表、图片等视觉辅助材料；对于听觉型学习者，可以增加讲解、讲座等内容；对于动手型学习者，可以设计实验、实践等活动。通过满足不同学习风格的需求，可以提高干部的学习效果和兴趣。

4. 评估培训效果

在评估培训效果时，我们要关注干部是否已经建立了相应的行为习惯，并能够在实际工作中运用这些行为习惯。例如，可以制定相应的评估标准，包括干部的演讲能力、组织协调能力等，并在培训结束后进行评估和反馈。通过评估结果，我们可以了解干部的学习成果和不足之处，从而为下一步的培训计划提供参考。

通过以上方法，我们可以了解干部的学习成果和不足之处，从而为下一步的培训计划提供参考。同时，我们还可以根据实际情况不断调整和完善培训计划，以满足干部的动态需求。总之，行为主义学习理论在党校干部培训需求分析中的应用可以帮助我们建立更加科学、合理、有效的党校干部培训体系。通过关注干部需要建立和巩固的行为习惯，设计相应的培训内容和课程，制订有效的培训计划以及评估培训效果等。

## 第二节　我国领导干部能力结构分析

完善培训模式，探索新形势下干部教育培训工作的新途径、新办法，是提升我国干部教育培训效果的有力保证。全面推进新时代中国特色社会主义伟大事业，需要更多高素质的领导人才。

## 一、特质要求

提高领导干部的整体素质和领导能力，是干部教育培训工作的根本性、战略性问题，对此，我们必须予以高度重视。领导干部是领导活动的主体，其优秀的领导能力是有效领导活动的主观能动因素。具体来说，领导活动是领导干部发挥影响力，通过一定的人际关系，调动群众的积极性，发挥群众潜能，并引导其方向，最终实现领导目标和组织目标的过程。现代领导能力是指与领导职务相适应的，能够肩负起领导责任的主观条件，即领导者的基础素质、思维方式、实践经验及领导方法、技巧的把握程度等因素在其领导行为过程中的综合表现。现代领导能力主要有以下特征。

### （一）行为有效性

领导者的素质是内在的、综合的，只有将领导者的内在综合素质有效外部化，才能形成有效的领导力，进而外化为有效的领导行为。从这种意义上讲，即使领导者的综合素质再高，如果不能外化为有效的领导能力和领导行为，也不能称为有效管理的领导者。一个有效的领导者，必须具有以下五种习惯：一是善于处理和利用自己的时间的习惯，即把认清楚自己的时间应当用在什么地方作为起点，了解时间是一项限制条件，永远是稀缺的。二是注重养成确定自己努力方向的习惯。领导过程并不是一个为工作而工作的过程，而是一个为成果而工作的过程。三是善于发现他人优点、特长并能够有效使用的习惯。这里的优点和特长既可以来源于领导者自身，也可源自上级和下级。四是分清工作主次、将主要精力集中于主要工作的习惯。在主要领域集中力量，通过优秀而有效的绩效产生卓越的成果。五是进行有效决策的习惯。有效决策、知人善任、分清主次等能力，正是对领导者须具备的能力的具体描述。

### （二）环境互动性

适应、利用并改造环境是领导者能力的重要体现，合格的领导者必须具备良好的环境适应及互动能力。无法适应环境并与环境发生有效沟通和互动，就不能成为优秀的领导者。随着社会的发展，就更要求领导者时刻保持敏锐的洞察力，能够适应不断变化的环境，并与之保持有效沟通和互动。此外，领导活动的结果也体现在对其领导环境的利用和改造程度上，体现在对其领导环境的互动有效性上。所以，一个优秀的领导者，必然具有见微知著、把握趋势的能力。

### （三）对象认同性

领导能力是一个相互作用的活动范畴，是领导者与被领导者间的相互关系，本质上是领导者与被领导者互动的过程。领导能力在一定程度上就是领导者与被领导者形成互动关系的能力。一个优秀的领导者必须具备与下属互动的能力，从而获得下属的认同、响应、支持和追随。也可以说，领导能力就是能够充分发挥下属和群众力量的能力。领导者的能力通过被领导者而体现出来，被领导者发挥主观能动性、创造性的程度体现了领导者领导能力的高低。

### （四）能力专业性

领导者需要专业化，但这种专业化并非专家、学者式的专业化，而是一种“双内行”式的专业化，应当既是业务方面的内行，更是领导和管理方面的内行。领导不能靠强硬地管，而要更多地依靠尊重、激励和发展来进行管理。现代管理经历了经验管理和科学管理两个阶段，正在向文化管理方向发展。当前，培养领导型的管理者已成为西方发达国家培养领导者的基本目标之一。现代领导理论和领导实践的发展既需要刚性的科学管理，也需要柔性的文化滋养，二者需要有机地结合起来。

### （五）理念创新性

当今是知识经济的时代和学习型的社会，知识经济时代和学习型社会中的领导者也应成为知识型、专业型、学习型的领导，要做到与时俱进，不断地学习新知识、新技能，持续更新思想、观念。学习的目的不仅是巩固原有的经验和知识，还是为了变革和发展、为了创新、为了超越自我。所以，倡导学习能力，已经不是过去那种机械、刻板的被动接受能力，而是批判的、否定的、自我扬弃的能力。作为领导者，应学习如何应对变化，具备应对变化的勇气和与时俱进的能力，并且能够影响和带动下属、群众去认同并适应这种变化。

## 二、素质结构

具体来讲，当代领导干部素质包括政治素质、思想道德素质、知识与能力素质、科学决策素质、创新素质、身心素质等方面。这些素质因素的相互配合和相互作用决定并体现着领导干部的领导才能、领导艺术、领导水平和实际绩效。当代领导干部必须具备以下基本素质。

### （一）政治素质

政治素质特指领导干部在政治问题上的信仰、原则、立场和观点，是构成领导干部素质内容最基础、最根本和最重要的素质成分。政治素质是当代领导干部必须具备的首要品质。各级领导班子要坚持不懈地加强思想政治建设。这是因为领导干部是一个地区、一个单位大政方针的决策者、指挥者，肩负着特殊使命，他们的思想政治素质如何，既决定了领导者自身的发展方向，更决定了一个地区、一个单位的各项事业发展。因此，领导干部的政治素质如何，直接关系到党和国家的前途和命运，关系到党领导事业的兴衰成败。我们党是马克思主义的执政党，党的最高理想和最终目标是实现共产主义，这就决定了党的领导干部应坚定不移地忠于党的事业，忠于人民，具有较高的政治敏锐性和洞察力，善于从政治上观察和处理重大问题。

要强化领导干部的理论修养。领导干部是社会各项事业的组织者、决策者和指挥者，这就要求我们不论是在考核评价体系的建立上，还是在领导干部的培养中，都要把加强领导干部理论修养建设放在首位，通过不断学习，使他们掌握科学的世界观和方法论，善于运用马克思主义的立场、观点、方法去分析和解决工作中的现实问题，提高工作的原则性、系统性、预见性和创造性。

### （二）思想道德素质

思想道德素质指领导干部的思想境界、品德、修养。它是领导干部素质内容中的决定性因素，关系着领导干部为什么人工作、为什么人服务的问题。这既是对现代领导干部政治上的要求，也是对其人格和道德感方面的要求，决定着领导干部的影响力和工作绩效。良好的道德品质和高尚的道德情操是领导干部成功的思想保障。领导干部是广大党员和人民群众的榜样，提高领导干部的道德水平尤为重要。

1. 强化为人民谋利的公仆形象

全心全意为人民服务是党的根本宗旨。各级领导干部要强化公仆意识，少说空话，多干实事。要以焦裕禄、孔繁森、郑培民等优秀领导干部为榜样，尽心竭力为群众排忧解难，做到权为民所用、情为民所系、利为民所谋。组织部门在考核任用干部的过程中，要坚持以群众满意不满意、赞成不赞成、拥护不拥护作为选拔任用的准则，真正把那些能够同人民群众保持密切联系，坚持从群众中来、到群众中去，经常深入群众、了解群众、倾听群众的呼声、关心群众冷暖的领导干部遴选到重要岗位。

2. 提高思想道德水平

领导干部由于所处职位的重要性和特殊性，其行为将直接对党、国家、人民的利益产生重要影响。因此，我们在对领导干部的选拔任用和监督工作中，要始终站在党性立场上观察、分析、处理问题，不断加强领导干部的权力观、人生观、价值观教育，时刻规范领导干部的行为。采取集中教育、正反典型警示等方式，引导领导干部思考自己在位时做什么、退休后留下什么等问题，从而使广大党员干部时刻保持清醒头脑，严格要求自己，以身作则，公道办事，自觉地接受群众的监督。确保领导干部在各种复杂的环境中，都能做到自重、自省、自警、自律。

### （三）知识与能力素质

随着知识经济时代的到来，领导干部面临的工作日益复杂，需具备丰富的文化知识、合理的知识结构和获取的新知识能力，成为“通才”。掌握哲学、社会科学、自然科学等领域的知识体系，是其工作与事业的基础。现代科技快速发展，学科划分细密，领导干部需具备多方面、多维度的相关专业知识和素质。

1. 学习科学文化知识

为了提高领导干部的现代科学文化知识水平，可以采取多种学习方式，包括岗前培训、集中学习、考核促学等。这些措施旨在使领导干部对政治、法律、外语、经济学、政治学、行政学、心理学、计算机、逻辑知识等都有一定了解，必要时更要沉下心进行深入研究。通过学习这些专业知识，领导干部可以更加深入地了解社会、经济和政治的运作规律，更好地把握形势，制定科学合理的政策，从而可以更好地科学执政、民主执政、依法执政，不断完善领导方法和领导方式。同时，也可以更加熟练地运用各种管理工具和技术，提高工作效率和质量。此外，通过学习现代科学文化知识，领导干部还可以提高自身的综合素质和领导能力。同时，他们也可以更加深入地了解人性和社会心理，更好地掌握领导艺术和沟通技巧，提高领导力和影响力。

2. 学习现代管理知识

现代管理知识是管理工作规范化、制度化的科学保证，领导干部必须掌握和不断学习现代管理知识，特别是行政管理知识，以及决策科学、领导科学、社会学、公共管理、公共关系学等。为此，我们在组织领导干部培训学习、外出考察等活动时，要结合领导干部的工作实际，有针对性地把现代管理知识纳入领导干部的学习计划，使他们不断丰富和完善现代管理知识，提升科学管理水平。

3. 学习专业知识

随着社会的进步，社会分工越来越细，专业特点越来越明显，领导干部在不同的岗位从事不同的工作，拥有良好的行业背景和优秀的从业经验会对下属产生较大的正面影响。因此，有针对性地加强领导干部的专业知识培训，对于领导干部准确把握本地区、本单位、本行业的发展状况有重要的作用，所以要使领导干部的工作有成效、有政绩，各级各部门特别是组织部门应该重视专家型领导干部的培养。

4. 培养获取新知识的能力

现代科学技术的发展日新月异，新发明、新理论层出不穷，知识更新非常迅速。领导干部只有不断地努力学习和汲取新的知识，充实自己，才能提高决策水平和领导水平。领导干部要不断强化学习，汲取新的知识，进一步丰富自己的工作方法，不断完善知识结构，使自己能够跟上时代的发展步伐，准确把握社会发展的脉搏，创造性地做好领导工作；组织部门要把对领导干部获取新知识的能力，作为加强领导干部培养的重点，为他们提供良好的学习环境，形成良好的学习机制，提高他们适应形势不断发展变化的能力。

### （四）科学决策素质

科学决策素质是领导干部能力素质在工作中的综合表现。社会的不断发展，对领导干部的能力素质提出了更高要求。作为领导干部，必须提高以下能力素质。

1. 提高创新应变能力

创新能力是现代领导干部必须具备的核心素质。在知识经济时代，知识在不断更新，技术在不断进步。创新能力已成为领导干部必须具备的最重要能力和首要素质。各级领导干部只有具备创新意识、创新精神和创新能力，不断研究新情况，探索新方法，解决新问题，创造新经验，才能把社会各项事业不断推向前进。随着社会的发展，在领导活动中常会发生一些突发、紧急、棘手事件，这就要求领导干部具有一定的应变能力。如果一个领导干部没有应变能力，那么在发生突发事件时就会束手无策。因此，我们在对领导干部的培养过程中，要有针对性地把那些有发展潜力的年轻干部放到环境艰苦的基层去锻炼。通过艰苦环境的锤炼，他们面对复杂问题的应变创新能力可以就得到激发。

2. 提高战略思维能力

战略思维能力就是心怀全局、洞察全局、谋划全局、指导全局、配合全局的领导思想和工作能力。在实际工作中，各级政府机构的领导者思考问题、处理工作都要善于总揽全局、高瞻远瞩、深谋远虑。领导干部必须明确自己的定位，从全局出发，把全局作为考虑和解决问题的出发点和落脚点。在全局与局部发生矛盾冲突时，局部必须服从全局。如果不注意或不善于把这些矛盾提升到全局的高度去认识和研究，就很难向纵深推进事业的发展。应提高领导干部的战略思维能力，这要求领导干部要确立全局意识，要善于研究和解决事关全局的具体问题，善于研究和解决事关全局的重大问题，这样才能不断地促进经济和社会各项事业的发展。

3. 提高组织决策能力

组织决策能力是领导干部综合能力的具体表现，既体现了领导干部的政治成熟度，又体现了领导干部业务知识与领导能力多样性的统一。领导干部要想做到科学决策，就要建立正确的指导思想、实事求是的科学态度、规范的决策程序、科学的决策方法以及健全的决策体制和制度。同时，决策也要体现民主化，领导干部的决策必须能够充分反映人民群众利益，必须建立在群众路线的基础上，广泛征求群众意见，听取专家意见。

4. 提高交际协调能力

领导工作是一项与人打交道的工作，领导干部不仅要争取上级部门的支持和其他相关单位的协助，也需要取得下属及群众的理解和支持。这就要求领导干部具备良好的人际交往能力，善于与上级、同事、下属交往，能够正确处理好个人与组织、个人与下属及有关方面的关系，并且能够积极主动地与同级部门沟通合作。一个单位或一个部门是由性格、处事方式各异的人组成的，在工作中难免会产生矛盾和冲突。在工作中，领导干部自身也可能与上级、下属、同事和其他单位发生矛盾，这就要求领导干部要善于协调各方关系，消除误会，解决矛盾，建立和谐的人际关系，以推动工作顺利进行。

### （五）创新素质

由于科学技术的飞速发展和人们需求结构的不断变化，知识经济时代的最主要特征就是不断创新：知识不断更新、技术不断更新、产品不断创新。在 21 世纪，创新能力成为领导者必须具备的能力和首要素质。建设中国特色社会主义需要创新，建立和完善社会主义市场经济体制也需要创新，坚持和发展马克思主义更需要创新。各级领导干部只有具有创新意识、创新精神和创新能力，把握时代脉搏，与时俱进，不断研究新情况、解决新问题、提出新思路、创造新经验，进行理论创新和实践创新，才能把我们的改革和建设事业不断前进推向。此外，领导干部应当成为创新的领导者。只有具有创新意识、创新精神和创新能力的领导者，才能发现创新、支持创新、鼓励创新、带头创新，担负起自己应有的责任。

从领导素质本身的构成来看，在领导干部的整体素质中，创新能力将成为最重要的核心要素。创新能力是主体在创造活动中表现出来的各种能力的总和，包括敏锐的观察力、深邃的洞察力、统揽全局的战略思维力和面向未来的开拓创造力等。领导干部从事创新活动，至少要具备以下五个方面的素质。

1. 个性和独立性

个性是个体较为稳定的心理状态和行为特征的总和。由于生理素质和生活经历的个体差异，每个人都有不同于他人的个性特征。独立性则是指个体所具有的自主性，使个体在思考和行动时能够做出决定，不受他人的干扰和支配。创新与个性和独立性密切相关。创新是社会和认识发展到一定阶段的必然产物，但最初的创新总是由个别主体做出的，需要个别主体的独立思考和创新思维。如果受制于人，没有相对的独立性，就无法做到独立思考。

2. 丰富的知识和学习能力

知识与创新密不可分，知识是能力的基础，不存在脱离知识的创新，创新是建立在既有认识成果基础上的。丰富的知识、开阔的视野是创新的原材料、基础和背景。知识越多，经验越丰富，创新的可能性就越大。在知识经济社会，知识朝着两个方向发展，一方面，知识总体在爆炸性地积累和增长；另一方面，又在急剧地更新和老化。知识经济时代的社会是学习型的社会，领导干部只有站在时代前列，善于学习并不断学习，掌握所需要的知识技能，才能跟上时代的步伐。否则，就会被不断变化的时代淘汰。

3. 创新精神、创新意识和创新思维

创新精神和创新意识是一种敢为人先、不断进取的心理状态和思想意识，是创新活动的前提。只有具备创新意识和创新精神，才能主动研究新情况，解决新问题；才能把握和抓住机遇，审时度势地推动创新；才能自觉克服思维定式的消极影响，不断创新；才会自觉地把国家政策与本地区本部门具体实际相结合，推陈出新。

当然，创新精神和创新意识并不意味着一定能实现创新。创新还必须借助创新思维。创新思维是在一定知识、经验和智力的基础上，灵活运用多种思维方法，创造新的思维成果的思维活动。创新思维是求异性思维，它不满足于常规的思维方式和方法，不满足于亦步亦趋，而是在求异求新中发现新思想和发现改变现状的契机；创新思维又是整合性思维，它运用新的思路和方法，对已有知识和经验进行重新组合和应用，从而创造出前所未有的新成果；创新思维也是联想性思维，通过横向、纵向、逆向联想、超时空联想等多种形式，产生新思想，找到新方法。领导干部要想不断进行观念创新，推动实践创新，就要自觉地进行创新思维的训练。

4. 批判精神和探索精神

创新是对传统的否定。传统有两类：一类是合时宜的、有益的传统，另一类是不合时宜的、有害的传统。领导干部既要乐于接受和继承有益的传统，也要敢于否定不合时宜的传统。在现实中，要创新，就要解放思想，实事求是，就要有批判精神，要能够做到不执迷于经验，不迷信于权威，不唯书、不唯上、只唯实。

创新又是对现实的超越，现实即当下的客观实际。在人们的社会实践中，客观实在性始终是第一位的，人们的任何活动都必须遵循事物的客观规律。但事物又是不断发展变化的，为了顺应事物发展变化的趋势，领导干部必须具备探索精神，不能满足于现实和既有结论。

5. 战略思维能力

就影响范围而言，创新可分为局部性创新和全局性创新、战术性创新和战略性创新。全局性创新和战略性创新是根本性的创新，离不开对全局的观察、了解和准确把握。只有站在全局高度，把握事物的本质，洞悉事物的发展规律和发展趋势，才能进行全局性创新。领导干部的创新主要是战略性创新。领导干部不同于一般科技人员和普通劳动者，更不同于文学家和艺术家。他们的主要职责是对全局的运转和发展进行战略谋划，提出发展思路，制定相应政策，因而尤其需要具备驾驭全局、高瞻远瞩的战略思维能力。战略思维能力是一种综合能力，包括洞察全局、把握本质和规律的能力，运筹帷幄、驾驭全局的能力，审时度势、当机立断的能力等。

### （六）身心素质

身心素质，即身体和心理素质，特指现代领导干部应具备的强健体魄和成熟、健康、完善的心理。它既是领导干部健康工作的基础和开拓创新的载体，也是领导干部有效开展领导活动的前提和基础。健康的心理、健全的体魄、旺盛的精力是领导干部做好领导工作的基本条件。领导干部要根据自身条件，注重锻炼身体，劳逸结合，保持强健的体魄和旺盛的精力。同时，领导干部必须具备良好的心理素质，要有面对各种挑战的心理准备，在任何情况下都要沉着冷静、不骄不躁，始终做到临危不乱，处变不惊。

要切实加强领导干部的五种执政能力建设，为新时代提高领导干部的能力素质建设工程指明方向。这五种能力建设包括：科学判断形势的能力、驾驭市场经济的能力、应对复杂局面的能力、依法执政的能力、总揽全局的能力。提高领导干部的素质能力建设是一个系统工程，一方面，需要领导干部自身的艰苦努力，自我修炼，自我提升；另一方面，也需要加强和改进领导干部教育培训工作，从体制机制上创新干部教育培训模式，为提高领导干部素质和能力提供组织保障。

## 第三节　我国党校培养模式

### 一、中共中央党校培养模式

近年来，中共中央党校根据教学内容需要和党校教学特点，探索并逐步形成了一系列具有党校特色的教学方法，如理论联系实际的教学方法、讲授式的教学方法、启发式的教学方法、体验式的教学方法等。通过采取这些方法，有力地保证了教学意图的实现和教学质量的提高。目前，根据新形势的任务和教学需要，中央党校在继续采用这些行之有效的教学方法的基础上，大力推进研究式教学。

早在 1941 年 12 月 17 日，《中共中央关于延安干部学校的决定》就指出："在教学方法中，应坚决采取启发的、研究的、实验的方式，以发展学生在学习中的主动性与创造性，而坚决废止注入的、强迫的、空洞的方式。"[①] 根据中央精神，2000 年 12 月 6 日在第三次全国党校工作会议上，中共中央党校明确提出要提倡研究式教学方法，突出和加强教学的研究性，把研究式教学贯穿于教学的全过程，体现在课堂讲授、自学、小组讨论、双向交流、学员论坛、社会调查、战略问题研讨等各个教学环节。

从 2002 年春季学期开始，中共中央党校开始在教学中推行研究式教学。研究式教学是一种以一定理论研究和实践经验为基础，以提高学员理论水平和分析解决问题的能力为目的，采用师生共同研究的方式进行的互动式教学活动。它不仅是一种教学方法，还是一种符合领导干部学习特点的新培训模式。从内涵上讲，研究式教学包括三个方面的内容：一是"教"中研究。教师针对当前国内外重大的理论问题和实践问题以及学员关心和提出的问题来设计教学计划，从理论的高

① 郭涤，秦益珍，和平．延安时期与毛泽东思想 [M]．西安：陕西人民出版社，1993.

度做出有一定深度和新意的阐发与解答，以达到让学员掌握理论和提高能力的培训目的。二是“学”中研究。要求学员边读书边思考边研究问题，或者让学员利用某方面的理论结合实际集中研究一两个问题，或者让学员根据需要和兴趣选定研究题目进行研究，形成自己的研究成果。三是“管理”中研究。主要是在教学组织中采取新的符合实际的教学组织方式、新的教学评估方法和新的办学方式等进行研究管理。

习近平总书记在全国党校校长会议上强调：“要坚持把深化改革作为党校各项工作的强大动力，进一步转变培训观念，创新培训内容，改进培训方式，整合培训资源，优化培训队伍，在推进党校各方面改革上取得新进展。”[①] 中共中央党校认真贯彻落实习近平总书记的重要讲话，按照分类别、分层次的要求，逐步探索适合时代需要的研究式教学的不同实现形式。

### （一）研讨式的课堂教学

一般的成人培训机构和党校教学的主要方式是课堂教学。课堂教学的传统模式是学员被动地接受知识，“教”与“学”的互动和交流较少，表现形式是单向的“我讲你听”。这种培训模式仅适用于文化水平不高的学员，而对于新世纪的各级党政领导干部来说，他们普遍文化程度较高，既具有接受新知识的强烈愿望，又具有改革创新的蓬勃朝气，如果对他们再使用传统的课堂培训模式，显然不合适。因此，对现代的党政领导干部培训，要积极采用师生能双向互动的启发式、参与式的教学模式。中央党校经过一系列教学改革，在课堂上积极尝试推行使用新的教学模式。具体形式有划分时间段的“1.5 + 0.5”或“2 + 0.5”培训形式（前面的数字为课堂讲授时长，后面的数字表示和学员交流讨论的时长）。这种培训模式紧紧将课堂讲授和学员思考讨论结合起来，达到了教学相长的目的。还有一种培训模式是教师提前将讲稿发给学员阅读，并提出问题让学员思考，然后教师用 2 小时在课堂上与学员一起讨论的“0+2”方式。这两种方式有效地克服了单向性传统教学方法的弊端，充分发挥了学员学习的主动性、积极性，但仅适合于知识性和理论性较强的教学内容，不适用于实践性强的教学内容。

### （二）课题研究式教学

中共中央党校根据教育改革方案分类举办进修班，即将兴趣、学历、从政经历等相近的学员安排在一个班共同学习。例如，2004 年春季学期，中共中央党校

① 何毅亭．怎样推进党校教学改革[M]．北京：中共中央党校出版社，2019．

举办了进修班A班。这个班学员人数少（一般4～50人），且按干部的工作领域分研究方向，大家关注的问题相同、知识背景相近，比较适合开展研究式教学。这个班的举办，有效地避免了中共中央党校目前的班容量大、不利于开展课堂讨论的弊端，为研究式教学提供了一个更好的平台。相较于培训类班次和其他班次而言，进修班A班的最大特点是以课题研究为中心，围绕课题研究组织教学，教师的“教”与学员的“学”、课堂讲授与课题研究紧密结合在一起。这个班的课程都是根据课题研究需要开设并为课题研究服务的，一般由三部分组成，即当前重大理论与现实问题研究、本研究方向的热点难点问题研究和针对不同研究课题开设的专题辅导（包括相关理论讲授、背景资料介绍和邀请有关部门的同志座谈等）。学员则在教师指导下进行课题研究，这实质上是“教”的延伸和“学”的运用，是教学过程的有机组成部分。教学过程本身就是研究过程，研究过程也就是教学过程。这种教学方式，不仅深化了学员对理论的认识，而且还提高了分析研究重大问题的能力。对于学员课题研究中形成的有重要参考价值的成果，可以通过多种途径上报有关部门，供他们在决策中参考。概括地讲，研究式教学实现了“四个有机结合”，即教学与研究方式的有机结合、教师主导与学员主体作用的有机结合、校内资源与校外资源的有机结合、课题研究与成果利用的有机结合。

### （三）案例式教学

案例式教学，就是通过对现实生活中的典型事件进行深入分析，根据授课内容和教学目的的要求，师生共同探讨理论与案例所反映实际问题的内在联系，从而培养学员运用理论分析问题和解决问题的能力的一种教学模式。2000年以前，中共中央党校有些教研部就做过案例式教学的尝试。党的十六届四中全会后，中共中央党校进一步加大了对案例式教学探索的力度，在全校范围内提倡、鼓励和支持教师积极开展案例教学。为了推进案例式教学的开展，还于2005年5月23至30日举办了一期案例式教学研讨班，请校内外有关专家介绍案例式教学的含义、经验和体会。

近年来，中共中央党校主要在领导科学、经济学、行政法学和党建、党史等学科的教学中进行了案例式教学尝试，形式也灵活多样。具体形式包括：一是讨论式。学员通过阅读教师事先发下来的案例材料，积极思考提出的问题，然后在课堂上进行分组讨论，得出一定认识或找出解决问题的思路和方法。案例式教学的推广运用，使学员分析和解决问题的能力得到了提高。二是辩论式。通过观点对立的正方与反方学员辩论，陈述和论证出各方的观点，从而得出自己的认识，提高相应的能力。三是讲授式。由教师讲授某一理论观点或剖析某一案例，学员在课堂上讨论教师提供的案例，从而提高学员的理论水平，提高学员分析和解决问题的能力。四是体验式。学员通过实际体验或现场观摩，然后进行案例分析和讨论，提高自己的实际操作能力和认识水平。

### （四）菜单式教学

从教学目标上讲，党校教育必须满足两种基本需求：一种是组织需求，另一种是个性需求。所谓组织需求，就是党和国家对领导干部的素质要求，也可以看作岗位职责对领导干部的素质要求（不同类别和不同层次干部需要的素质是不同的）。满足这种需求是党校教育的基本职责。但由于干部学员的知识储备、经验积累、岗位特点、兴趣爱好等千差万别，他们的个人需求多种多样。这些个性化需求也应该得到尽可能地满足，这也是党校教育的重要职责。中共中央党校目前的主要做法是，通过各个班次的必修课来满足党和国家对这个层次领导干部的基本要求，满足他们履行岗位职责的基本需要；通过选修课来满足学员多样化的个性需求。随着社会主义现代化建设的不断发展和学员素质的不断提高，学员的个性化需求越来越突出，为了更好地适应这一趋势，中央党校进一步加大了选修课的建设力度。目前，选修课主要有选听讲座、电视选修课和网上选修课三种形式，课量达到 100 多讲。从内容上看，既有经济方面的，也有政治方面和思想文化方面的；既有学术性的，也有知识性的；既有理论方面的，也有实践方面的。这些课程丰富了党校教学的内容，拓展了学员的学习空间。学员除了学习本班次规定的必修课程，还可以根据自己的实际情况在学校提供的 100 多讲选修课中选择若干课程学习。此外，中共中央党校还在校园网上增设了“校外课程选播”栏目，从媒体上选择了 100 多讲课程，供学员在党校学习中参考。中共中央党校还将菜单式教学引入有关班次的课堂，进行面对面的教学，将西方经济学与管理学专题研究、政治学法学专题研究、社会学专题研究、战略学专题研究、中共党史专题研究、国际政治与经济专题研究六门专题研究课程改为菜单式课程，供学员自由选学。这种面对面的菜单式教学模式也在一年制中青班和省部级干部进修班 B 班进行，取得了良好的效果。与前一种菜单式教学不同的是，这种菜单式教学带有一定的强制性和限制性，学员必须从中选择一定数量的课程，但受到时间和地点的限制，又不能多选。为了保证菜单式教学的讲课质量，中共中央党校还适时建立了菜单式课程的准入机制和淘汰机制，即已经列为菜单式教学的课程，如果学员选修的人数达不到一定数量（一般为 20 人），就不能进入课堂；如果一门课程的教学评估效果有三分之二达不到9分以上，应对授课人员或课程进行调整；如果该课程第二学期仍有三分之二达不到9分以上，就取消该菜单式课程。此外，还对学员实行考勤和考核制度。学员只要选择了某门课程，就必须参加该课程的学习、考勤和考核。

通过以上多种形式的授课模式，学员普遍受益匪浅，既学到了理论，又解决了实践中的问题；既学到了知识，又学到了技能。

## 二、省级党校干部培养模式

### （一）中共甘肃省委党校培养模式

中共甘肃省委党校坚持从调动教师和学员积极性、实现“教”与“学”的双向互动出发，不断改革和创新教学方法，大力推行研究式教学，综合运用案例式、研讨式、体验式、菜单式和学员论坛等培训方法，取得明显成效。

1. 教师研究式

首先，围绕教学内容做好调查研究。教师对所承担的专题要有较深入的研究，既要对讲授内容有研究，也要对学员和讲授方法有研究，明确理论与现实问题的讲授重点，科学选择授课方法。其次，提倡两小时授课制。教师授课应内容简明、重点突出、讲授精练、分析透彻，同时留出时间进行“教”与“学”的双向交流、讨论答疑，引导学员深入思考问题，让学员在教学中主动参与，推动教学相长。最后，积极运用多媒体手段进行教学，优化教学效果。

2. 学员研究式

首先，加强研讨交流，提高研讨质量。学员之间的研讨交流是发挥集体智慧，解决工作、学习中疑惑问题的有效途径。每次研讨都需要师生的共同参与，这对教师和学员而言既是一种考验，也是一种挑战。对于教师来说，要精心准备、积极参加并现场答疑，发挥好主导作用；而学员则要深入思考、畅所欲言、各抒己见，发挥好主体作用。在研讨之后，学员管理部门需要精心组织，并协同教研单位和任课教师对有价值的研讨成果进行及时整理和总结，形成研究报告，上报省委省政府，为甘肃省的发展提供决策服务。其次，按照不同班次和学员对象的特点，积极组织开展学员论坛活动。在每学期，采用学员自荐和班级推荐两种方式，在每个班次确定1～2名学员并在全校范围内开展学员论坛活动。学员论坛的主要内容是宣讲实际工作心得、交流从政经验、阐发学术观点和理论见解等。这一活动的开展，充分发挥了学员的资源优势，广泛调动了学员学习和研究问题的积极性、主动性，受到了学员的好评。最后，充分利用信息化手段，丰富学习内容。通过中央党校远程教学网，每周安排两次中共中央党校形势任务和重大问题报告的网络课程，使学员及时了解有关全党全国工作大局的新思路、新举措、新成就，既培养了学员的战略思维，也开阔了学员的视野。

3. 全面开展菜单式教学

在选学菜单的设置上，中共甘肃省委党校根据实际情况，确定了培养目标和培养要求，以开阔思路、丰富知识、增长才干、提高本领为目标，着重培养各级领导干部能力和素质。在选学管理上，学校的教学管理部门将实施菜单化选学工作放在心上，抓在手上；各教研单位和任课教师应高度重视，精心准备，认真完成教学任务；学员根据干什么学什么、缺什么补什么的原则，确定选学内容，真正体现菜单化选学因岗定学、因需施教的原则。在教学组织上，学校应打破原有班次界限，按所选内容，组成新的教学班次实施教学。菜单化选学有利于促使教师主动了解学员需求，从以往有什么教什么转向学员需要什么教什么，较好地适应了学员对新知识、新技能、新本领的学习需求，使学员由“要我学”转变为“我要学”，丰富了学习内容，增强了学习的主动性和积极性。

4. 逐步推进案例式教学

中共甘肃省委党校每年在各主体班次安排一定数量的专题进行案例式教学，将教师在理论功底上的优势与学员在实际经验上的优势都充分发挥出来，切实增强学员分析问题和解决问题的能力。一方面，各教研部门结合学员的实际情况，精心选择和设计好案例，不断充实和完善具有自身特色的案例式教学资源库；另一方面，任课教师应夯实理论功底，全面提高自身素质，提高对案例式教学课堂的组织、引导、协调和控制能力，更好地驾驭案例教学。目前，案例式教学占各班次专题总量的1/5左右，并呈不断上升的趋势。

5. 开展体验式教学

充分利用甘肃省各行各业开展实地调研是促进理论联系实际、学以致用的重要途径，也是提高领导干部素质的有效方式。中共甘肃省委党校充分运用全省各类资源，积极开展体验式教学，受到了学员的广泛好评。中共甘肃省委党校依托吉利汽车公司等企业，开展国有企业改制和工业强省战略的现场教学；依托安宁、七里河、红古、皋兰、榆中等县区，开展新农村建设的现场教学；依托城关区，开展城市建设和现代化管理的现场教学；依托会宁县，开展长征精神和党性锻炼的现场教学等。以上各种教学活动，丰富了教学内容，检验了教学效果，提高了干部素质，也提高了干部解决实际问题的能力。

### （二）中共辽宁省委党校干部培养模式

1. 板块式选学

板块式选学，就是根据干部教育培训的目标和干部多样化、个性化、差异化的学习需求，把深入贯彻落实科学发展观、提高干部素质和能力等教学单元打开，设置成内容相近的不同板块，由干部根据自己的工作需要和兴趣，自主选择其中的一个板块进行学习。自选板块主要是针对干部的岗位需求和个人需求，以解决实际问题、提升干部能力为导向，以分析解决围绕一个热点、难点问题为主要内容，以充分尊重干部学习意向为前提，开展相关内容的培训。例如，在深入贯彻落实科学发展观教学单元设置了必修板块和选学板块，必修板块主要是按照深入贯彻落实科学发展观的要求，设置了六个必修专题，有继续解放思想、推动科学发展、转变经济发展方式、坚定不移发展社会主义民主政治、提高国家文化软实力等。选修板块主要是针对当前热点、难点问题，设置了两个板块，一个板块是应对金融危机，保持经济平稳较快发展，主要包括当前我国宏观经济形势分析、金融危机条件下的宏观调控、金融危机条件下的中国货币政策等；另一个板块是应对复杂局面，促进社会和谐，主要包括提高领导干部处置公共事件能力，注重社会分配公平、防止两极分化，妥善处理民族与宗教问题等。在这两个选学板块，学员可以根据自己的需求，自由选择其中的一个板块进行学习。教学实践证明，板块式教学的实行，使培训主题更加明确，重点更加突出，方便了学员课前充分准备，使培训的针对性和实效性大大加强，受到了广大学员的欢迎。

2. 菜单式选学

《中国共产党党校工作条例》明确规定，应依据理论基础、世界眼光、战略思维、党性修养的党校培训新格局，结合干部工作实际，大力开展菜单式选学。中共辽宁省委党校的菜单式选学是让干部自主选择所需专题，自主选择讲座，形成学员学习、工作、实践与理论的统一，满足干部学习培训需求多样化、个性化、差异化发展的需要。中共辽宁省委党校从更新领导干部知识结构的角度出发，在政治理论、政策法规、业务知识、文化素养、党性修养和技能训练六个方面，设计了多个选修讲座课程，并将课程菜单下发给培训学员，让他们自主选择感兴趣的内容，再根据干部选择的比例，将选择最多的十二个讲座作为教学内容，安排到教学体系之中。同时，中共辽宁省委党校还根据动态的干部培训需求调研，收集干部想学但菜单上没有的内容，并适时做出调整。这些内容既有中国特色社会主义理论体系等理论课程，也有应对突发事件、心理调适、公关礼仪等符合学员实际需要的内容；既有经济建设的内容，也有政治建设、社会建设、文化建设、党的建设等方面的内容；既有国家大政方针的内容，也有本地振兴的内容；既有帮助学员提高工作水平的内容，也有陶冶学员情操的内容。凡是到党校学习的干部都可以打破班级界限，自由选学相关的讲座课程，这就满足了不同专业、不同工作性质的干部的学习需求。另外，学校从提升领导干部理论思维能力和战略思维能力的角度出发，根据辽宁省全面振兴过程中面临的重大理论和实践问题以及国际国内的形势变化，开展报告式选学。针对当前领导干部关注的重大理论和实践问题分设若干不同专题，聘请国内知名专家、学者和省委省政府领导来党校作专题报告，每周末一讲，报告题目和内容在开学时向干部发布，干部可自由选听。根据不同层次、不同类别干部的特点和需求设置培训内容，输送不同类型的知识，这是现代培训的基本要求。

3. 多种类型的自主选学平台

近几年来，在教学过程中，中共辽宁省委党校在拓宽干部自主选学空间的基础上，不断推进培训模式创新，努力搭建干部自主选学的平台，让干部既有理论的学习，又有实践的思考，真正达到理论与实践的融会贯通。一是建立多种现场教学基地，为学员自主选学搭建实践的平台。在培训过程中，中共辽宁省委党校充分利用全省的各类资源，逐步把现场教学基地纳入选学范围。例如，在省内沿海经济带、中部城市群、国有重点大型企业相继建立了循环经济、沿海经济带、国企改革、小城镇建设、县域经济发展等现场教学基地；在省外的上海、苏州、井冈山等地建立了各具特色的现场教学基地。干部可根据个人的学习需求，自主选择到感兴趣的现场教学基地考察和学习。中共辽宁省委党校要求每个到党校学习的干部，至少有一周的时间到现场教学基地进行学习。同时，还要求他们在课堂教学后，带着问题，自主深入现场教学基地现场参观，听取教学对象的具体情况介绍，然后再根据自己感兴趣的问题进行现场讨论。这种教学方式实质上是把课堂搬到现场，实现了课堂教学的延伸，深化了现场教学的内容，实现了课堂教学与现场教学的有机融合，进一步增强了干部的理性思考和对教学对象的感性认识。二是实行党校培训与高校培训相对接，为干部搭建自主选学专业知识的平台。干部在党校学习政治理论的同时，也希望能学到工作岗位急需的各类专业知识。为了满足干部的学习需求，应进一步加强对各级干部的专业知识和能力的培训，中共辽宁省委党校充分利用辽宁省委在东北大学、辽宁大学、沈阳农业大学等省内高校建立的干部培训基地，将部分班次与高校基地进行了对接，形成了“6+2”

式培训模式，即干部在党校学习6周后，可根据个人意愿报名到相关大学接受2周的专业知识培训。例如，中共辽宁省委党校将有关行政管理专业知识方面的培训与辽宁大学对接，将农业工作方面的培训与沈阳农业大学对接，将经济管理和涉外知识方面的培训与东北财经大学对接。这些培训基地的专业课程也实现了菜单化，干部可自主选学。中共辽宁省委党校与高校对接式培训进一步拓展了干部的学习渠道，满足了干部多样化、个性化、差异化的学习需求，使培训工作真正体现学为所需、学有所获、学有所用，更有实效性。

### （三）中共山西省委党校干部培训模式

近年来，中共山西省委党校注重充分发挥干部教育培训的主阵地、主渠道作用，不断加快教学改革步伐，以适应时代变化的要求和干部教育需求的多样化、培训方式的现代化。

1. 培训前的需求调研

例如，2006年，山西省制定的《省委党校主体班次改革实施方案》就是经过山西省委组织部和省委党校在全省范围内的情况调查，并借鉴上海、浙江等省市党校的做法后形成的。

2. 区分不同班次

中共山西省委党校按照分类别、分层次和因材施教的原则，把省管领导干部进修班分为A、B两种班次，A班为基础理论进修班，面向党的十六大以来未参加过党校系统培训的省管干部；B班为专题进修班，选调与专题内容有关的干部，或者有同样工作、相同问题的干部一起学习研究。

3. 培训形式多样化

中共山西省委党校坚持党校姓“党”原则，积极采用案例式、模拟式、菜单式、体验式等研究式教学方法，使学员的实践经验和理论知识得到融合与贯通，解决了传统干部培训中出现的问题，让学员的主体作用和学习主动性得到了充分发挥。学员带着问题来，带着成果走，真正起到了党校培训知识、提高能力的作用。

通过积极改革创新干部培训模式，中共山西省委党校取得了丰硕成果。

一是形成了一套全新的教学思路和培训理念。教学内容在坚持贯穿马克思主义中国化的最新理论成果、建设新山西和党性锻炼等内容的同时，还增加了当代世界经济、政治、法律、军事和社会思潮等方面的前沿问题，注重让学员了解当前改革发展中出现的重大现实问题，反映时代要求，注重将理论与国情、省情相结合。

二是变传统的以课本为中心为以项目为中心。中共山西省委党校在开展项目教学的过程中，借鉴了企业与工程的管理经验，让学员先实地考察，后分析研讨，教师再点评和总结，完成教学目标，形成项目成果，通过这种方式激发学员的学习热情。例如，围绕领导决策进行的新农村建设与旅游资源开发项目在晋城实践，围绕目标管理进行的山西煤炭资源可持续发展问题等项目教学在太原进行，学员带着浓厚的兴趣积极参与，对现实问题进行深入研究，将理论紧密结合实践，并有效指导实践。

三是形式多样的互动式教学。中共山西省委党校围绕社会保障理论与改革、学习《中国共产党章程》等主题，积极采用互动式教学。先由教师给学员授课，然后师生进行问答辩论。教师讲解理论和政策，学员针对工作实践中遇到的问题向教师提问，有效地提高了师生双方理论联系实际的水平和能力，达到了教学相长的目的。

四是开辟学员论坛。近年来，中共山西省委党校围绕依法执政是党执政的基本方法、领导干部的执政能力和党性修养等教学专题开辟论坛，吸引学员积极参与，热烈讨论。学员结合以往的工作实践，运用教师讲过的理论知识开展热烈的讨论，达到了互相学习的目的。

五是“走出去”考察学习，开阔思路。中共山西省委党校积极拓展办学思路，采取“走出去”的办学方针，主动学习发达地区的先进经验，提高该省培训工作的水平。例如，到中共上海市委党校参观学习，观摩精彩授课；到中国浦东干部学院了解忠诚教育、能力培养、行为训练的培训理念，学员普遍感到获益匪浅，学习兴趣愈发浓厚。2013 年，中共山西省委党校组织学员赴中国井冈山干部学院进行爱国主义教育，收到了良好的效果。中共山西省委党校通过一系列教学改革，使学员的学习态度发生了明显变化，学员对学习的认识有了很大提高，学习的积极性和主动性高涨。

## 第四节　提升党校干部培训管理水平的思路与对策

长期以来，基层党校为党培养了大量优秀的基层干部。然而随着时代的变化和发展，基层党校遇到了很多困难，处于发展的瓶颈阶段。例如，基层党校自身的发展、培养基层党员干部的规模和质量仍无法满足大规模干部培训、大幅度提高干部素质的艰巨任务，基层干部培训轮训工作与新时代培训工作正规化要求还存在差距，基层党校建设水平还有待全面提高等。因此，必须探索改革创新发展之路，突破传统教学与管理模式，开拓新的基层党校管理运行体制与机制，促使基层党校走出困境，走向良性运转的轨道。

## 一、加强思想指导

### （一）理解基层党校培训的重要性

党校经过几十年的发展，逐步形成了一套较为成熟并行之有效的机制，具备了可持续发展的办学条件和社会影响力。基层党校也始终坚持从基层党员干部的实际工作出发，在干部培训过程中融入党性教育，用中国特色社会主义理论体系武装基层领导干部。因此，基层党校应找准定位，发挥理论与实践相结合、干部培训与党性锻炼不分家的独特优势，充分彰显党校干部教育“主阵地”作用。

基层党校要充分突出理论武装优势，推进马克思主义的本土化、与时俱进、大众化，这是坚实的基础，同时也是具体工作中所要遵循的前提条件。历史证明，用马克思主义最新理论成果武装全党的一个重要形式，即基层党校对基层党员干部进行马克思主义思想教育。基层党校从思想上使基层党员干部成为共同理想的忠实拥护者和第一实践者，使其能够在具体工作中将中国特色社会主义理论和实践密切结合。党校培训教学工作引领广大基层干部在理论学习中拓宽视野，提升理论指导实践的能力，真正做到学以立德、学以增智，从而为推动马克思主义中国化时代化奠定坚实的基础。

基层党校要明确干部培训优势，切实提高基层领导干部执政能力。基层党校承担着大规模培训基层工作的党员干部的重任。在进一步提高党员干部素质的进程中，基层党校具有得天独厚的优势。首先，党校的定位明确、职能鲜明。党校的职能定位就是对党员领导干部进行培训再教育的学校。无论是“主渠道”“主阵地”，还是“熔炉”“重要智库”，都体现了党校时刻用科学的理论体系武装领导干部思想意识的重要性。其次，党校的教育培训层次与类型网络广泛而又畅通。全国党校覆盖面从省到市再到县，形成了平面与立体相结合的培训网络体系。全面而又畅通的教育培训网络在基层党员干部培训方面发挥着越来越重要的作用。最后，基层党校的教育培训方式和内容较为完善。基层党校根据培训任务的轻重缓急，形成了定期培训与不定期培训、长期培训班与短期培训班、主题培训班与其他培训班、党员干部培训班和一般党员培训班相结合的多种培训模式，提高了干部培训的针对性与实效性。在培训内容上，党校的培训课程既包括提升思想道德修养的理论教育培训，又包括提升实践能力的素质教育培训；既包括传统的学习培训内容，又包括反映时代新特征、实践工作新趋势的创新性内容。

基层党校不断提高其在党性锻炼方面的优势，采取多样化的方式时刻践行社会主义核心价值体系。党校的必修课之一即党性教育，党性修养的增强要通过坚定的理想信念教育、宗旨观念教育和作风改进教育等方面来实现，要多进行具有针对性、实效性和系统性的党性教育，并始终贯彻到干部培训的整个过程中。由此可见，基层党校的重要职责和最大优势就是深化党性锻炼，同时也是“党校姓党”基本原则的最好体现。现阶段，在世界形势发生深刻变化、国家社会经济快速发展的情况下，党面临着四大方面的考验：执政考验、外部环境考验、改革开放考验与市场经济考验，而精神懈怠、脱离群众、消极腐败、能力不足则是我们党执政面临的四大危险挑战。这就更需要党校，尤其是基层党校充分发挥锻炼党性的优势，践行社会主义核心价值体系，增强党员干部的信心，大力弘扬民族精神和时代精神，促使党员干部将社会主义荣辱观与实际工作、生活密切结合，使其不断加强党性锻炼，将社会主义核心价值体系纳入个人世界观与价值观体系之中，以高尚人格感与自觉模范行为来感召群众，引领社会风尚。

**（二）强化与时俱进、理论联系实际的观念**

目前，干部教育培训的竞争性越来越强，许多高校和培训机构都瞄准了干部培训这一具有巨大潜力的市场，新的培训手段、培训内容给党校的传统干部培训带来了巨大的挑战。党校如今已经不是唯一可以进行干部培训的机构，而现在干部自身也都趋向于在党校外的培训机构得到新的理念和知识。因此，党校要想在日益激烈的干部培训竞争中更好地保持自身优势、发挥作用，就必须进一步强化与时俱进、理论联系实际的观念，按照建设学习型组织、学习型政党和学习型社会的战略要求，充分发挥党校在干部教育培训中的主渠道、主阵地作用，着力构建领导干部带头学习、党政干部主动学习、职工群众自觉学习的全民学习格局，大力推进中国特色社会主义理论体系普惠共享。

1.“经营”党校

（1）党校要树立市场意识。党校应主动去研究市场，通过分析市场情况去不断开拓市场，进而占领市场，党校要在新的形势下更好地发挥自身的优势，主动向其他教育机构学习。党校既有优势也有弱势，党校必须充分发挥优势，大力改进弱势，通过提高办学质量站稳脚跟、取得发展。党校只有摆准自己的位置，才能在竞争中立于不败之地。

（2）创新体制机制。党校自建立以来，实行的管理体制和机制缺乏灵活性，分配办法与工作业绩无法挂钩，这就使干多干少、干好干坏区别不大，教师积极性不高，因此就无法适应干部培训市场化的要求。所以，党校必须大力加大创新力度，建立优胜劣汰的教师聘用机制，实行按劳分配的分配办法，上课上得多、上得好，分配的课自然就多，学员反映好的教师也应受到奖励。

（3）按市场需求设计教育产品。党校除了必须讲授的基础理论和政策法规课程，还应该按照干部培训的市场需求设定相应的班次、课程和专题。党校应该充分研究干部培训的市场结构，主动推出相应的教学产品，把自身打造成为多功能的干部教育培训中心，让干部都能学到自己想学的，无论学什么都有教师可以讲。此外，还应逐步实行菜单式的班次设置、菜单式的专题设置以及菜单式教学等。

（4）确立本土特色。随着时代的发展和观念的进步，基层党校可着眼于地区经济社会发展实际，以区域经济发展战略、发展方向、发展重点为主要研究方向，开展教学研究，帮助学员获得最紧缺的知识、最需要的信息，进一步开阔视野、拓宽思路、指导实践、推动发展。基层党校的改革发展可以根据实际情况，突出本土特色和地方特色，要结合本地实际积极研发具有本地特色的课题，根据不同班次需求，科学设置不同专题，探索灵活多样的改革发展新模式，努力形成具有地方特色的教学模式，体现本土特色。这是基层党校干部培训的关键环节。作为培训基层干部的学校，党校必须履行干部培训要求，促使当地各级领导干部不断进步，更重要的是，基层党校必须服务当地经济和社会发展需要，促进当地各项事业的发展。这就要求党校，一方面，要紧密结合当地经济、社会发展以及干部队伍建设方面的实际，促进本地干部锻炼成长；另一方面，也要继续发挥基层党校在政治理论和党性修养等方面的培训优势，使党校传统的教学优势得到巩固和发扬。

（5）彰显时代特色。科学布局课程设置，即以深入学习贯彻科学发展观等重大战略思想为中心、以提高党员干部的素质水平和执政水平为着眼点，将掌握党的最新理论创新成果作为学员学习理论的重点和基础，重点拓展学员把握时代特征和国际政治经济形势的世界眼光；重点培养学员强化大局意识和应对复杂局面的战略思维；重点加强学员坚定理想信念、增强宗旨意识和改进工作作风的党性修养；重点提高学员科学执政、民主执政、依法执政的党性修养；

重点充实和增强学员的法律意识，提高其综合素质和履职能力，以强化学员的发展意识。

（6）要成为“名校”。一方面，党校要深刻把握作为学校的各种特点和要求。既然是学校，一定程度的市场化就是不可避免的，基层党校一定要树立市场理念。目前，党校已经逐步形成马克思主义的理论教育品牌。今后，要认真研究干部培训市场的结构和趋向，实现培训资产的有效经营和培训资源的充分利用，进一步打开和拓展党校培训在政治理论、党性修养、行政管理等方面的品牌优势，积极主动地设计和推出相应的培训产品和服务产品，真正做到创新。另外，在高效完成当地党委政府交给的干部培训任务工作的基础上，可以适当发挥积极性与主动性，参照相关的管理体制机制，加强对外培训工作，吸引各类主体前来办班，拓展和延伸党校培训工作。另一方面，党校开展干部培训，必须遵循党校相关的教育规律。无论哪个层次与类型的党校教育，都要重视和把握党校教育规律。重视教育规律研究，要为党校教育的改革发展提供基础的理论指导和支撑，理论结合实际，在宏观教育理念、中观办学思路与学校定位、微观工作重点和具体措施等方面形成前瞻性、规律性、指导性的认识。

2. 改革教学内容

改革教学内容是为了加强党校教学工作的针对性。应深入加强已有课程内容，延伸拓展新的教学领域，有效落实教学新布局，采用训前调研、集体备课、课后考评、异地培训、远程教学、基地实践、流动课堂等多种教学形式，增强培训工作的针对性和实效性，为教学改革注入新鲜活力，使学员的心灵受到震撼、思想得到升华、能力得以提升，吸引力、感染力、实效性大大提高。

第一，进行分类、分层教学。由于干部的职级、年龄、学历、工作岗位等差异，每类教育对象都具有不同的思想状况和心理特征，他们的学习目的和需求也不相同，形成了层次性的培训需求，因此，党校的教学内容应当对每个类型的群体学员都有侧重，要做到因材施教。在干部培训工作中，办学要结合实际，分类、分层次实施培训，什么层次的干部需要什么知识，就安排培训什么方面的内容。分类、分层的教学组织形式是为了设置可供选择的培训内容，增强培训的针对性与时效性。与此同时，需要处理好五个方面的关系：设置的培训内容要与培训对象的特点相适应；设置的培训内容要与培训对象的素质水平相适应；设置的培训内容要与培训对象的业务和岗位职责相适应；设置的培训内容要与培训性质、任务、目标相适应；设置的培训内容要突出能力建设这个主题。

第二，因时、因地施教。教学内容应根据不同时期、不同形势以及不同地区的需要进行相应的调整。党校干部培训工作要遵循党校教育工作的一般规律，同时也要与具体时期、具体阶段的奋斗目标、方针政策保持高度一致，工作要体现时效性。在纵向考虑时期背景的基础上，还要结合区域社会经济建设的实际情况，本着道路不变、大方向不变、具体措施适度、适时调整的原则，针对党员干部的学习需求和学习特点，调整优化课程体系，完善教学内容，做到精益求精、学以致用。要使党校教育的内容具有时代性，应该把党在现阶段的路线、方针、政策体现在思想理论教育中。在学习内容上，要及时更新培训内容，要将政府管理的需要放在重要位置上，同时要适应科学技术发展变化趋势，行政管理改革发展变化趋势。将提高干部的政治素养、加强正确的三观教育以及业务能力的培训放在重要位置上，把我国经济建设及政府行政工作中的重点、难点问题作为干部培训的主要内容。在内容设置上，除了要包括中国特色社会主义理论、我国相关的法律法规及政策和公务员行为规范等在内的公共必修课，还要根据具体的工作需要设置各种专业课，以满足不同干部的不同需要。与此同时，要根据地方具体情况进行因时施教。要根据不同的对象设置不同的培训时段，集中培训的时间和时机都要精心选择，培训时段要因人而异。例如，对农村基层干部的培训应尽量避开农忙时节。

### （三）手段与方式综合使用的创新观念

提高培训质量是党校全部工作的出发点和落脚点，是党校一切工作的生命线。根据不同培训内容和多层次受训对象的不同需求，在坚持和完善讲授式教学方式的基础上，综合运用菜单式、研究式、互动式、体验式、案例式、网络式等多种方式开展教学，实现课堂教学由讲授型教学向研讨型教学转变、由单向型向双向型转变、由填鸭型教学向互动型教学转变、由教师“平面型”讲授向现代网络媒体立体型讲授转变的“四个转变”，进一步提高教育培训的吸引力和感染力，并认真组织开展学员论坛、现场考察和社会实践，切实提高教学培训的实效性。

## 二、健全干部培训机制

### （一）建立教育培训供需机制

在新形势下，干部教育培训除了传统的理论学习、党性锻炼等内容，还会涉及代表现代文明水平的各种新知识、新技能以及专业知识、专业技术的培训，这类培训在教育培训中所占的比重会逐渐加大。同时，现代社会学习的途径和方法的多元化与随之而来的学习过程的多元化、学习形式的多元化等，使单一的学习机制被打破。这些都意味着干部教育培训的供求关系更趋复杂，需要有对应的机制加以保障。

教育培训供需机制产生于三个方面：一是搞好组织与个人对教育培训需求的预测，再制订培训计划。在进行教育的过程中根据社会和个人需求的不断变化，相应地调整培训计划，以获得预期效果。二是搞好干部个人素质条件的现状调查，并根据社会经济发展水平以及干部队伍建设的实际，推动干部教育培训创新发展。三是尽量统一组织和个人对培训的需求，提高教育培训的效率和效果。这需要配以有力的政策，使干部教育培训与个人求知求学相统一。

教育培训供需机制主要包括三方面：一是扩大干部教育培训需求，二是增加干部教育培训供给，三是调节干部教育培训供需关系。这些机制通过对干部教育培训资源的调节，进一步提高了干部教育培训的针对性和实效性。具体包括以下内容：一是计划调训机制，制订科学合理的培训计划，严肃调训纪律，保证培训的正常进行；二是自主择训机制，积极提供培训项目和菜单，将需求主体多元化，也就是说，要实现干部自我需求与社会发展、工作实际需要相结合，创造干部自主择训条件；三是竞争机制，将竞争机制积极引进在干部培训过程中，将学习的内在动力和外在压力紧密结合；四是激励机制，将学用结合、备用结合应用在干部的选拔任用中。同时，要积极探索素质教育、终身教育的有效载体，不断创新和完善干部教育培训供需机制。可推行干部培训需求“五步法”，即干部培训年度计划需求调研、重点项目需求调研、主体班次需求调研、干部个体需求调研和反馈式需求调研制度，综合运用各种调查手段开展需求调研，做好培训项目设置，为创新培训理念方式和项目培训提供重要依据。

### （二）完善激励约束机制

激励与约束机制的健全与完善，是促进基层干部培训工作积极开展的保障性建设，也是正向与负向激励“双保险”的具体实施。

1. 激励机制

第一，为确保年度干部培训计划的有效实施，应大力推行培训计划备案制度，并建立健全、精细、科学、合理的干部学习培训档案。年度考核的内容和任职、晋升应重点参考干部的培训情况与学习成绩，逐步推进培训、上岗、任职、提拔相互影响、相互制约的机制。第二，完善和制定严格有效的干部岗位培训任职资格制度，根据不同职级岗位的基本要求，量化相应干部应具备的知识水平和能力水平，硬性要求干部在任期内达到标准，对于不同层次的岗能不对应现象，采取相应的负面激励措施。第三，建立训用结合制度。探索实行在培训中考察干部的工作机制，围绕学习态度、能力表现、个性特征、学习效果四个方面，由培训主管部门和培训机构联合成立考察组，参照干部考察有关程序，对参训干部进行考察，科学地提供选拔任用干部的依据。

2. 约束机制

应加强对干部调训与培训任务部门和单位的管理约束工作，完善评估体系，加大政府管理部门的约束力度。以行政管理手段的方式，对培训任务完成不合格的单位，进行等次排名的通报工作，必要时引入一定的惩罚机制。通过对培训激励约束指标的进一步建立和机制体制的进一步完善，一方面，调动起党员干部"我要学"的积极性；另一方面，对消极应付培训工作的单位和个人有了进一步的约束和规范，这样会使培训工作走向更为健全的正规化道路。

### （三）健全评估反馈机制

建立健全质效评估反馈机制，是提升干部教育培训工作规范化水平的重要保障。这一机制的建立，旨在通过对干部教育培训工作的全面评估，及时反馈培训效果，为改进和优化教育培训工作提供科学依据。通过评估，可以了解干部在培训过程中的学习情况、掌握知识的情况以及实际应用能力，从而针对不同干部的需求和特点，制订更加个性化的培训方案，增强培训效果。质效评估反馈机制的建立，有助于推动干部教育培训工作的创新。通过评估，可以发现培训工作中存在的问题和不足，进而针对这些问题进行改进和创新，推动教育培训工作不断进步。此外，质效评估反馈机制的建立，还有助于加强干部教育培训工作的规范化管理。通过评估，可以明确教育培训工作的目标、任务和要求，规范教育培训工作的流程和标准，确保教育培训工作的科学性和规范性。

1. 办学质量动态评价制度

将基层党校培训质量和效益作为评价其办学能力的重要指标，将基层党员干部的评估结果作为其逐渐完善的重要依据。逐步建立阶段性检查制度，对学员评估不达标的班次予以改进或取消，促使基层党校提高培训质量。

2. 考评主体多元化评价办法

考评主体多元化体现在考评执行者与参与者的多元化、考评内容全面化两个方面。基层党校教学与管理考评主体可与相关管理部门共同组织，包括各级党委组织、宣传、党校、人事等各部门，以受训党员干部为评价主体，进行教学工作的综合考评。考评内容全面化包括课程设置的针对性、教师配备的合理性与适应性、教学手段与方法的创新性与科学性等方面。

3. 学员培训效果评价指标体系

以教学管理、学习成果运用等作为主要参考内容，将定性与定量考核相结合、培训期间的评估与培训结束后的评估相结合，制定具有可操作性的、科学的评价标准体系，以了解培训的实际效果。

## 三、提高培训阵地的实现力

基层党校要按照集中精力抓干部教育、整合资源抓党校建设的思路，切实加强基层党校建设，努力改善办学条件，提高办学水平，为提高农村基层干部素质提供良好的平台。

### （一）加强基础设施建设

加大投入力度，强化硬件建设。整合现有培训资源，拓展投入渠道，集中财力、物力，加大投入力度，加快基层党校基础设施和教学手段的现代化建设，切实解决基层党校办学必需的校舍建设、业务经费、教学设备等实际问题。当地经济和社会发展的总体规划应包括党校建设，年度财政预算要包括党校事业费，逐步建立健全基层党校长效投入机制。应按《中国共产党党校工作条例》规定实行全额拨款，分项落实，并随着财力情况逐年增加。要把党校工作纳入上级党委对下级党委的年度考核工作中，并加大监督检查力度，把考核和检查的重点放在资金投入、基础建设等方面。此外，还要重点加强网络信息技术平台建设、图书馆建设以及实践课程场地建设。

### （二）提高领导队伍管理水平

加大选拔培养力度，抓好党校班子建设。要按党性、业务和作风三方面的要求，建设一支富有创新性的专家型管理团队。在领导的选拔任用方面，要遵循不拘一格、知人善用的基本原则，解放思想，扩大用人范围，采取公开选拔、择优选调等主要方式，同时兼有挂职试用、高薪配用等方式为补充，在本地区内外选聘党性强、业务精、作风正的优秀人才担任班子成员。对于领导团队的优化，要按老中青相结合的原则，形成梯次年龄结构；按专兼相结合的原则，形成复合型人才结构。要强化领导班子目标责任考核，把干部教育培训作为考核各级党政领导班子目标责任完成情况的重要内容。

### （三）优化教师队伍建设

教师是学校发展的核心力量，这一点无可置疑。教师的素质、能力和专业水平直接关系到学校的教育质量和长远发展。在党校教育中，教师的作用尤为重要。党校教师不仅需要具备深厚的理论素养和专业知识，还需要具备较高的政治觉悟和思想认识，以及丰富的实践经验和教学能力。党校教师队伍素质的提升是提高干部教育培训质量的关键。只有拥有一支高素质、专业化、结构合理的教师队伍，才能更好地为党员干部提供高质量的教育培训服务。因此，开拓创新，历练一支既具有优秀教师的一般特征，又具有独特的个性特征，素质优良、规模适当、结构合理、适应学习型党组织建设要求的基层党校教师队伍，是当前党校工作的重要任务。

1.“内强”教师素质

（1）建立健全党校经费保障机制。上级党委部门应切实加强对党校硬件设施的建设、师资以及培训教材等软项经费的投入，逐步改善党校教师工作的物质环境与人文环境。

（2）制定相应的规章制度。基层党校要通过合理、科学的考试项目，以社会公开招考为主要途径，从高等学校和科研院所择优选聘毕业生，做好人才引进的各项保障性工作，加强师资队伍建设，优化教师队伍的知识结构、学历结构和年龄结构。

（3）鼓励教学创新、科研创新。教师工作积极性的调动需要具有激励作用的保障机制。例如，对具有较强创新性的教学实践和科研课题研究，应给予教师全方位的保障性支持；在绩效考核中，要加大对科研创新、教学创新的鼓励与奖励程度，给教师尤其是年轻教师创造宽松并能提高其工作积极性的工作环境，让教师能够热爱教学和科研工作，并大胆创新、勇于创新。基层党校还应健全竞争机制，创造良性竞争的氛围。党校要树立尊重人才的观念，采取各种激励的措施，为人才才能的发挥提供一切有利的条件，让一切人才、劳动、知识和管理的活力竞相迸发，使党校各项事业欣欣向荣。教职员工要在新的发展中良性比拼，充分调动自身的积极性和创造性。党校要把培养中青年学术骨干和学术带头人作为工作的重点，坚持实行精品课战略和名师培养战略。

（4）建设研究型教师队伍。学科研究是党校教育的基础。应坚持科学严谨的学术思想，弘扬理论联系实际的优良学风，按照教学出题目、科研做文章、成果进课堂的思路，促进教学科研一体化，进一步提高教学科研质量。一是围绕教学任务定课题。鼓励教师把教学专题转化为研究课题，边挖掘、边讲授、边研究，努力把教学成果转化为科研成果。二是围绕发展实际定课题。鼓励教师充分发挥理论优势，迈开双脚，走出校门，深入一线，调查研究，确定符合实际的调研课题，形成高质量的研究成果，为提高教学质量服务。三是落实科研奖励制度。不断健全完善科研工作考评和科研成果奖励制度，采取社科项目立项、补贴科研经费、落实奖惩措施等办法，鼓励教师开展调查研究，撰写调研文章，形成研究成果。对在国家、省、市、县级报刊发表的符合调研专题的理论文章给予奖励，特别是对那些影响大、创意好，被核心期刊采用，或者被县委县政府领导作出批示的理论文章给予重奖。

（5）参加职后继续教育。要不断地加强学习，基层党校应制定、完善并落实教师继续教育的实施方案，有计划地选派教师参加纵向理论培训学习、横向学术交流，选派教师到基层挂职锻炼，深入基层实践工作，掌握工作中第一手资料，了解基层党员干部工作开展的困难，使教师积累实践经验，提高授课的前沿性、通俗性和科学性。基层党校教师必须通过不断学习，提高自身的素质和能力水平。党校培训的对象都是干部，都负责具体工作，因此有着较为丰富的社会实践经验。所以，必须建立专职教师的长期学习制度，开展集体备课活动，加强对教师的培训工作。还应定期指派教师去上级党校或高校进修，同时也应指派一些行政管理人员到先进的地区进行考察学习，不断丰富知识，从而提高其管理能力。此外，还可以组织教师深入具体的工作实际进行调研活动，或者选派青年教师长期在基层挂职锻炼，在实践中锻炼队伍。

2．“外请”优秀专家

走开放式办学之路。基层党校应着力建设好兼职教师队伍，通过各种途径广泛地吸收优秀的师资资源。党校可以充分利用周边高校、企业、相关研究部门等优秀教师资源，聘用大批高水平的教授，不断地提高党校教育培训的竞争力。一方面，将具有较深理论功底和丰富实践经验的党政领导干部、企业高管、行业标兵聘请到党校承担教学任务，充实党校教学力量；另一方面，将其他党校、高校、科研院所的某一领域的专家学者聘请到党校，对某些课题作专题讲座，使学员能学到最新最前沿的知识。探索建立和试点更为合理、有效的教师流动机制、专兼职教师管理机制，将行业政治理论水平高、专业技术精、工作经验丰富的年轻干部吸纳到党校授课、交流、任职，鼓励优秀党校教师深入基层挂职锻炼，形成潜在的、良性的激励氛围。要构建开放的、高层次、跨区域的干部教育培训师资网络，在一定区域内对师资力量实行自由流动，实现师资资源共享。

### （四）创新教学手段与方式

提高培训质量是党校全部工作的出发点和落脚点，是党校一切工作的生命线。新时期的干部培训工作必须克服单一的教师培训方式，对教学方式进行改革，走出课堂，在社会实践中开展教学工作。

1.改进教学方法，增强针对性

在培训方法上，要注重教学方法的多样性，应调动学员的创造精神和参与意识。可以采取多种形式授课，如讲座和专题报告等，还可以让学员进行分组研究讨论等。干部本身具有丰富的实践经验，要充分发挥学员的这种优势，把培训课程与学员的自我学习有机结合起来，实现学员对教学内容的自主选择权，建立选修课、模块式教学等平台。另外，还要加速实现教学手段现代化，充分发挥互联网和信息技术在培训中的作用。例如，运用计算机多媒体网络技术，开设网络课程，加强师生交流。

2.创新培训理念，增强实效性

积极探索教育培训新模式，增强培训的针对性、趣味性和实用性，提高培训对学员的吸引力。根据不同培训内容和多层次受训对象的不同需求，在坚持和完善讲授式教学方式的基础上，综合运用菜单式、研究式、互动式、体验式、案例式、网络式等多种方式开展教学，把读书学习与交流研讨相结合，课堂教学与实践锻炼相结合，传统教学方法和现代教学手段相结合，被动接受与主动思考相结合，采取理论学习—实地调研—座谈讨论—演讲交流—总结提高的教学模式，激发干部参加学习的内在积极性。同时，还可以开展模拟式教学、情景式教学、案例式教学，把理论学习与现场体验、总结思考结合起来，开展双休日课堂和干部论坛等，提高干部的参与程度，进一步提高教育培训的吸引力和感染力，并认真组织开展学员论坛、现场考察和社会实践，切实提高教学培训的实效性。

### （五）完善教学组织与管理

教学管理是提高党校教学质量、保证党校工作高效运行的根本途径，是党校工作的重要组成部分。强化教学管理是确保教学质量的关键。科学有序的教学管理有利于教学工作的良性开展。建立健全教学管理制度是实现培训目标、提高教学质量的重要保障。基层党校要紧紧抓住教师授课、学员管理和后勤服务三个重点，从教态教风、理论测试、日常行为、考试考核、党性鉴定、后勤保障等环节入手，严格落实各项制度，强化各类培训的全程管理，逐步形成一套行之有效的管理措施，不断提高培训质量，进一步加强和完善教学组织管理工作。

1. 教师管理

一是加强教师岗位管理。打破干好干坏一个样的工作状态，从制度方面引入竞争机制，强调绩效目标管理，推行竞争上岗和职务聘任制度，实行绩效工资、岗位定酬，职称公开评聘，以激发教师的工作科研主动性和创造性，促进教学质量的提高和科研创新的实现。二是加强教师教学管理。制定并严格执行集体备课、课前调研、课题更新、教案检查评比、新课试讲、教学质量测评、教学绩效考核及末位淘汰等制度，进一步激发教师的主动性、积极性和创造性。全面推行教师授课准入制度，不合格的专题不得进入课堂。向教师下发主体班次教学日志，如实反映授课情况、班主任到位情况以及学员到位情况；向学员下发主体班次教师授课情况学员评价意见表，让学生从教学内容、教学方法、教学效果、教风教态等方面对教师进行综合评估，并将评估结果作为教师评先评优的重要依据。同时，建立健全绩效挂钩制度，对教学业绩突出的教师给予表彰奖励，形成人人创先争优、个个主动奉献的生动局面。

2. 学员管理

不断健全完善学籍管理、请销假、考试考核、成绩通报、党性鉴定等学员管理制度，并建立学员档案，组织部要高度重视党校的干部学员档案，以此作为领导干部考核、提拔、任用的重要依据。积极开展党性实践活动，引导学员树立良好学风；充分发挥学员临时党支部和班委会的作用，引导学员自我管理、自我教育、自我服务，营造民主宽松的学习氛围。

第一，在学员管理制度上有所创新，可实行点训制度。采取点名调训，参训人员不得经单位负责人随意更换。对无故不参训的学员，予以通报批评，并可列为考核、提拔、任用干部的参考指标和重要依据；对于无故拒绝送训的单位，由相关管理部门提出批评，责令其改正。第二，可分级别试点推行任职资格考试制度，将干部任职资格考试作为干部职务晋升的必要程序，对于考试不合格的干部，予以警告批评，以此督促干部进一步加强学习，从思想上认识到学习的重要性，重视党校教育培训工作。第三，可实行培训教学管理考核制度。对学员在校的出勤纪律、参加活动、完成学习任务、结业考试等方面表现进行严格的考核，对于考核不合格者，在结业时间及培训费用上予以一定程度的惩罚。

3. 后勤管理

按照规范管理、优质服务的要求，进一步完善各项管理制度，细化量化各项管理措施，建立健全日常保障机制、应急处理机制和责任追究机制，不断提高管理水平、服务质量和保障能力。

要启动后勤改革机制。深化后勤改革，按照有利于提高后勤服务质量和管理水平、减轻学校负担的原则，按照小机构、大服务、社会化的思路，实行行政管理机构与经营服务实体分离、管理与服务职能分开，从根本上改变行政命令式后勤管理方式，将后勤服务按照市场化的路子实行社会化经营。